L⁴⁸ b 2716

ÉLOGE

DE

LOUIS XVIII.

ÉLOGE HISTORIQUE

DE

LOUIS XVIII,

ROI DE FRANCE ET DE NAVARRE;

Par M. L.-A. DECAMPE,

INSPECTEUR DE L'ACADÉMIE ROYALE DE TOULOUSE,

UN DES QUARANTE MAINTENEURS DES JEUX FLORAUX

TOULOUSE,

IMPRIMERIE DE JEAN-MATTHIEU DOULADOURE,

RUE SAINT-ROME, Nº 41

1826

ÉLOGE HISTORIQUE

DE LOUIS XVIII,

ROI DE FRANCE ET DE NAVARRE,

PROTECTEUR DE L'ACADÉMIE DES JEUX FLORAUX ;

Prononcé dans la Séance publique du 23 Avril 1826,

Par M. DECAMPE, un des quarante Mainteneurs de l'Académie.

MESSIEURS,

Quel sujet ouvrit jamais un champ plus vaste à l'éloquence, que l'éloge du Prince auquel l'Académie paie en ce jour son tribut de regrets ?

Au tableau des événemens dont se compose l'histoire de sa vie, vient se rattacher de lui-même un des plus étonnans spectacles qui aient été donnés au monde, celui des catastrophes mémorables qui signalèrent la fin du dernier siècle et les premières années du siècle où nous vivons.

Un peuple qui marcha long-temps à la tête des

nations civilisées, s'égarant tout à coup sur les pas de quelques sophistes, et se précipitant vers les abîmes avec un invincible aveuglement; la religion, les mœurs, les lois, la monarchie, confondues dans le même naufrage; un Roi traîné du trône à l'échafaud; sa famille, exilée et proscrite, cherchant de contrée en contrée un asile à tant d'infortunes; la France, veuve de son Roi, livrée à toutes les fureurs de la plus sanglante anarchie; au dedans, des crimes inouis; au dehors, d'incroyables victoires; les peuples tombant tour à tour sous les coups de la révolution armée; les souverains descendant de leurs trônes pour subir la loi de la force; et l'Église elle-même, cette fille du ciel, partageant le commun destin de la grande famille européenne; enfin, après ces convulsions terribles, et lorsque les nations consternées subissaient aux pieds d'un soldat l'humiliante paix de l'esclavage, l'Europe toute entière, par un immense effort, soulevant cet odieux fardeau, et reprenant miraculeusement sa place; la légitimité retrouvant sa puissance, et les nations leur repos; les Rois ligués pour le bonheur des peuples; un Monarque vénérable, vieilli dans l'infortune et dans l'exil, rendant au plus beau trône de la terre cet éclat noble et doux dont il brilla sous les Rois ses aïeux, réparant en quelques années un siècle entier de fautes ou de crimes, et ne descendant dans la tombe qu'après avoir fait luire sur la France l'ère, si long-temps désirée, de la paix et du salut : tels sont les objets imposans que découvre ici l'orateur, soit qu'il veuille, dans la chaire de vérité, suivre les desseins de la providence sur les souverains et sur les empires, soit qu'il doive, du haut de la tribune aux harangues, comme chez les nations de l'antiquité, faire entendre la leçon des peuples en racontant les actions des rois.

Pour moi, Messieurs, chargé d'être aujourd'hui, dans ce sanctuaire des lettres, l'interprète de vos regrets, j'aurais voulu ne point perdre de vue les bornes qui me sont imposées par la nature de l'hommage que rend en ce moment l'Académie à la mémoire de son Protecteur. Tout mon dessein était d'abord de recueillir fidèlement, pour les consigner dans vos annales, les précieux souvenirs d'une vie qui nous fut trop long-temps cachée. Si ce Discours embrasse quelques faits généraux de l'histoire contemporaine, c'est parce qu'ils sont nécessaires à la clarté de mon récit. Si j'ai mêlé quelques réflexions au tableau de ces événemens célèbres, c'est parce qu'elles m'ont paru, comme les événemens eux-mêmes, inséparables de mon sujet. Je n'ambitionne, d'ailleurs, d'autre mérite que celui de l'exactitude ; et, me renfermant en quelque sorte dans le rôle d'historien, je laisse aux seules actions du Prince dont nous pleurons la perte, le soin de louer dignement l'excellence de ses vertus, l'élévation de son esprit et la supériorité de sa sagesse.

LOUIS-STANISLAS-XAVIER, Roi de France et de Navarre, naquit à Versailles, le 16 novembre 1755, de Louis, Dauphin de France, fils aîné de Louis XV, et de Marie-Josephe de Saxe, fille de Frédéric-Auguste, Électeur de Saxe et Roi de Pologne.

1.re ÉPOQUE.

De la naissance
de
Louis XVIII
à la mort
de Louis XVI

Le jeune Prince reçut, en venant au jour, le titre de *Comte de Provence*. Sa naissance avait été précédée de celle du *Duc de Berri*, depuis, l'infortuné Louis XVI. Elle fut suivie de celle du *Comte d'Artois*, aujourd'hui Charles X, notre Souverain bien-aimé. Ainsi ces trois Princes, nés à peu de distance l'un de l'autre, étaient destinés à monter successivement sur le trône : le premier, pour périr victime d'une horrible révolution ; le second, pour mériter le titre de restaurateur de la monarchie ; le troisième, pour consommer notre régénération politique, et perpétuer dans sa descendance l'auguste dynastie de nos Rois.

L'histoire a conservé religieusement le souvenir de ce *Grand Dauphin*, qui fut, dans un siècle d'impiété et de licence, le modèle accompli de la plus haute vertu. Ce Prince, éminemment sage, n'ignorait pas combien les impressions de l'enfance influent sur tout le reste de la vie : il n'entoura les premières années de ses enfans que d'exemples salutaires et de serviteurs irréprochables. Il eut soin de leur donner sur-tout des maîtres également habiles et vertueux.

Il commençait à recueillir les fruits de cette vigilante sollicitude, lorsqu'il s'éteignit à la fleur de l'âge, emportant les regrets d'un peuple dont ses vertus et sa sagesse auraient pu prévenir les longs malheurs. La mère des trois jeunes Princes ne tarda pas à suivre son époux au tombeau : la main de Dieu semblait s'appesantir déjà sur cette famille infortunée.

Le Comte de Provence n'avait pas atteint sa douzième année lorsqu'il éprouva ce second malheur ;

mais l'élévation de ses sentimens, la vivacité de son esprit, la finesse et l'à-propos de ses reparties, faisaient prévoir dès-lors ce qu'il devait être un jour. Un sens droit, une raison précoce, une mémoire peu commune, aplanissaient pour lui toutes les difficultés de l'étude. Aussi le Duc de Berri, quoique son aîné, se plaisait-il à reconnaître la supériorité de ses talens : si l'on agitait en sa présence une question qu'il n'osât point résoudre, il faut, disait-il, la proposer à mon frère de Provence.

La lecture des bons auteurs devint bientôt son occupation favorite. L'étude de l'histoire, si nécessaire à ceux qui sont nés dans le rang suprême, eut pour lui les plus grands attraits. Il ne se montrait pas moins sensible aux charmes de la belle littérature : admirateur éclairé des chefs-d'œuvre du génie et du goût, il recherchait de préférence ceux qui joignaient au mérite du style la solidité des pensées et un certain fonds de philosophie douce et tempérée qui avait de l'analogie avec la trempe de son esprit.

Appréciant à leur juste valeur l'éclat de la naissance et des distinctions humaines, ennemi des exagérations et des préjugés, il ne l'était pas moins de cette prétendue philosophie du siècle, qui poussa bientôt l'esprit de réforme jusqu'à secouer le joug de toute autorité. Des mémoires qu'il composa dès l'année 1774, à l'occasion du rappel projeté des Parlemens, prouvèrent qu'il avait parfaitement jugé la situation des esprits en France, et pressenti les maux qu'allait produire la licence toujours croissante des opinions et des écrits.

Mais nous n'arriverons que trop à cette époque

désastreuse : n'anticipons point sur les temps. Quelques années de calme et de bonheur étaient encore réservées à la France et à la famille royale. Le Comte de Provence s'était uni, le 14 mai 1771, à Joséphine de Savoie, fille de Victor-Emmanuel III, Roi de Sardaigne. Cette union, cimentée par l'attachement vertueux des deux époux, loin d'apporter le moindre changement aux sages habitudes du jeune Prince, lui fit trouver un nouveau charme dans les douceurs d'une vie occupée et dans l'heureuse simplicité de ses goûts.

Bientôt Louis XVI monta sur le trône. La nation s'abandonnait avec une sorte d'ivresse à tous les rêves de félicité que faisaient naître les vertus bien connues du jeune Roi et les premiers actes de son gouvernement. Cette disposition des esprits était sur-tout entretenue par les plans merveilleux d'amélioration qui circulaient de toutes parts, et dont la fécondité des écrivains et des hommes d'Etat ne fut jamais plus prodigue qu'à cette époque. Mais, pendant que la futilité publique se repaissait de ces chimères, de nombreux élémens de troubles se rassemblaient à la faveur de la difficulté des temps et de la folle direction des idées, déposaient des fermens redoutables dans le cœur de nos institutions, et formaient lentement, sous les fondemens de la monarchie, cette mine dont l'explosion devait-couvrir la France de ruines. Quel sujet de méditations pour un esprit observateur, que ce spectacle d'une nation livrée à l'ardeur des systèmes ! et combien dut s'accroître et se développer dès-lors, dans le jeune Comte de Provence, cette sagesse supérieure, dont une génération plus heureuse était destinée à recueillir les fruits !

C'est à l'époque où nous sommes arrivés, que se rattache un souvenir précieux pour l'Académie et pour la ville de Toulouse. Le Comte de Provence avait entrepris un voyage dans les provinces méri-dionales du royaume. Il fit son entrée dans nos murs au mois de juin de l'année 1777. Son affabilité, ses grâces naturelles, le charme inexprimable de ses discours sont encore présens à la mémoire d'un grand nombre de nos concitoyens. Mais l'Académie a sur-tout consigné dans ses fastes les témoignages de bienveillance qu'elle reçut de ce Prince éclairé. Il accueillit avec un délicat empressement les homma-ges de sa députation ; il y répondit dans les termes les plus flatteurs. Il voulut assister à une des séan-ces ordinaires de l'Académie ; et, après s'être informé avec intérêt de nos règles, de nos usages, après avoir attentivement examiné chacune de nos fleurs d'or et d'argent, il témoigna le désir d'entendre quel-qu'une des lectures qui occupent nos assemblées par-ticulières. L'Académie comptait alors au nombre de ses *maîtres* un des hommes qui eussent le mieux réussi à revêtir des formes de notre poésie les chefs-d'œuvre lyriques d'Horace. Le Prince goûta vive-ment cette lecture, et applaudit plusieurs imitations heureuses d'un de ses auteurs favoris. Il daigna re-cevoir sa part de nos jetons académiques, en témoi-gnage de sa présence ; et, plus tard, il eut la bonté d'accéder au vœu de l'Académie, qui lui demanda son portrait pour en orner le lieu de ses réunions. C'est, Messieurs, à cette protection éclatante accordée aux arts de l'esprit, que la France reconnaîtra toujours l'auguste famille de ses maîtres.

Cependant, à mesure que le mouvement extraordinaire imprimé aux opinions et aux affaires publiques augmentait de rapidité, le Prince goûtait plus vivement les douceurs de la vie privée. Destiné en apparence, par l'heureuse fécondité de la Reine, à ne porter jamais le fardeau de la royauté, il ne se montrait à la Cour qu'autant qu'il y était appelé par le devoir ou par les bienséances ; il se livrait, dans la retraite, à ses études favorites sur l'histoire, sur la morale, sur la science du gouvernement ; ou se délassait de ses travaux par le doux commerce des Muses : car il savait combien ces nobles récréations de la pensée sont un préservatif puissant contre le sentiment de l'infortune et contre l'ennui des grandeurs.

Enfin, tout était prêt, les opinions, les hommes et les choses, pour la grande crise que tant de symptômes annonçaient depuis long-temps à la France, et qu'il était aussi facile de prévoir que difficile de détourner. Un malheureux concours de circonstances avait précipité le fatal dénouement ; et toutes les vertus du Monarque et de la famille royale n'opposaient désormais qu'une faible digue aux ravages du torrent dévastateur.

C'était peu que la licence des mœurs introduite depuis la Régence eût altéré et corrompu le caractère national ; que les impies et les sectaires eussent dès long-temps conçu l'espoir d'anéantir la religion en France, en profitant des divisions de ses ministres et de la disgrâce éclatante d'une illustre société ;

que les écrits des modernes penseurs eussent façonné les esprits au mépris de toute autorité et à la haine de toute dépendance : d'autres causes, plus immédiates et plus directes, l'état déplorable des finances, l'opposition irréfléchie des Parlemens, mais sur-tout l'imprudence, l'impéritie, ou même l'infidélité des ministres, ouvraient de plus en plus la voie aux projets des révolutionnaires.

Comment ne pas parler aussi de cette guerre d'Amérique, source funeste de tant de profonds ressentimens, signal de rebellion donné aux colonies contre leurs métropoles, école de théories populaires et d'expériences républicaines ouverte à nos jeunes guerriers? On se demande par quel aveuglement les Monarques de la vieille Europe protégèrent au delà des mers les doctrines de l'indépendance, et comment la noblesse française s'enrôlait avec enthousiasme sous les drapeaux de la liberté. Tel était le fruit des idées répandues par la philosophie du temps; ou plutôt, telle fut la destinée d'un siècle où *tout le monde se trompa,* comme on a pu le dire sans beaucoup d'inexactitude.

Faut-il insister plus long-temps sur ce lamentable tableau, qui devrait être l'éternelle leçon des gouvernemens et des peuples? Faut-il rappeler ces préventions aveugles de la classe industrielle et agricole contre les classes privilégiées, dont elle recevait tant de bienfaits? cette malheureuse importance donnée à quelques écrivains, et toujours en raison de la hardiesse qu'on remarquait dans leurs ouvrages? cet avide empressement du public à se porter au théâtre, pour y applaudir avec fureur des compositions scandaleuses, dans lesquelles l'audace des allusions et le cynisme des situations et du langage semblaient dispenser les auteurs de toutes les règles de l'art? enfin, le ridicule, le sarcasme et le mépris versés à grands flots sur tous les objets de la vénération publique, et la majesté souveraine , autrefois si respectée en France, devenue un objet de haine et un titre de proscription dans la personne du plus clément des Rois et du plus vertueux des hommes? Voilà, Messieurs, ce que vous avez vu dans ces temps d'inexplicable délire ; voilà comment une génération insensée préludait, sans le vouloir et sans le savoir, à tous les crimes de la révolution.

Au premier signal des tempêtes, le Comte de Provence ne sépara plus ses dangers de ceux de Louis XVI et de la famille royale. Il ne cessa de prodiguer à son malheureux frère les conseils de la sagesse et les consolations de l'amitié ; il remplit avec un dévouement, une application et une présence d'esprit remarquables les différentes missions dont le Roi crut devoir le charger, et lui prêta plus d'une fois le secours d'une plume exercée et d'un esprit fécond en ressources. Naturellement partisan d'une politique désintéressée , il entrait franchement dans les vues de ce Monarque bienfaisant et populaire, et partageait son opinion sur la nécessité de certaines réformes qui semblaient propres à prévenir l'exaspération des esprits. Mais ces remèdes mêmes avaient de grands dangers : il n'était pas facile d'y garder une juste mesure : pouvait-on se persuader que des concessions destinées à contenter le peuple ne feraient que l'enflammer davantage, et qu'on déchaînerait l'orage en cherchant à le conjurer?

Déjà, depuis le mois de juillet 1789, le Comte d'Artois et les Princes de la maison de Condé s'étaient portés hors des frontières, pour assurer leur liberté, et pour concerter les mesures réclamées par les dangers du trône. Le Comte de Provence seul était resté près du Monarque. Prisonnier avec lui dans la capitale depuis les fatales journées des 5 et 6 octobre, il avait, pendant plus de vingt mois, adouci les chagrins de son auguste frère en l'aidant à les supporter. Après s'être enfin convaincus que, plus l'autorité cédait à la révolte, plus on lui prescrivait de nouveaux sacrifices, après avoir opposé vainement la patience et le courage à l'audace toujours croissante des partisans de l'anarchie, ils tentèrent l'unique moyen de salut qu'il fût désormais permis d'espérer. Dans la nuit du 20 au 21 juin 1791, le Comte de Provence sortit secrètement de la capitale, accompagné du fidèle d'Avaray, et prit la route de Maubeuge, pendant que le Roi et la famille royale se dirigeaient vers Montmédi. Les deux illustres fugitifs devaient se réunir sur la frontière. Le Comte de Provence, heureusement parvenu hors du territoire, avait espéré que son frère aurait eu le même bonheur. Quelle fut sa consternation, lorsque, en volant au-devant du Roi, il apprit tout à coup la nouvelle du déplorable attentat de Varennes!... Son premier mouvement est de rentrer en France, et d'aller reprendre ses fers. L'intérêt de la monarchie peut seul le retenir sur cette terre étrangère, où l'attendent d'importans devoirs. Le Comte d'Artois vient le joindre à Bruxelles. Ces deux frères d'un Roi captif, après une longue séparation, tombent dans les bras l'un de l'autre. Le Comte de Provence s'écrie, en pressant contre son sein son jeune frère : « C'est le fils » le plus tendre que je retrouve en lui. » Jouissez, Princes infortunés, de ces consolations passagères : assez de cruelles épreuves sont réservées à vos grands cœurs !

Mais les momens sont précieux : il faut s'occuper sans retard de prévenir les maux affreux dont la famille royale est menacée. Faire un appel à toutes les puissances, former une coalition dans l'intérêt des peuples et des souverains, sauver le Roi, sauver la monarchie, préserver l'Europe et le monde civilisé de l'incendie révolutionnaire : telle est la tâche imposée aux deux frères de Louis XVI ; leur dévouement et leur courage sont dignes d'un pareil fardeau.

Établis non loin de Coblentz, chez l'Électeur de Trèves, leur oncle maternel, ils travaillent avec ardeur à diriger cette grande entreprise. Le Comte de Provence reçoit ses pleins pouvoirs du Roi, à l'effet d'agir auprès des puissances ; et, dès le mois suivant, après les conférences de Pilnitz, paraît cette convention célèbre, signée par deux puissans monarques du nord, qui frappe d'anathême les premiers attentats des révolutionnaires.

On se rappelle la vive sensation que produisit en France la nouvelle de cet événement. Hélas ! elle arrivait trop tard : une constitution qui portait dans son sein l'arrêt de mort de la monarchie, venait d'être solennellement proclamée, et acceptée par l'infortuné Louis XVI ; un nouvel ordre de choses s'élevait sur les débris de l'ancienne France ; tous les pouvoirs restaient désormais aux démagogues, sous un appareil dérisoire de formes constitutionnelles ; et Louis n'était plus qu'un fantôme de Roi, obéissant à huit cents maîtres.

Ici s'offre à l'œil attristé ce douloureux spectacle qu'a donné plus d'une fois au monde le triomphe des factieux. Un Monarque subjugué par la force prête l'autorité de son nom à des actes que son cœur réprouve ; ses sujets fidèles gémissent, réduits à l'impuissance comme lui ; ses effrontés persécuteurs, étalant un respect hypocrite pour le Prince qu'ils ont chargé de chaînes, proclament d'un ton menaçant ses prétendus bienfaits ;.... et les Souverains, attaqués dans un de leurs pareils, demeurent frappés de stupeur, au milieu des hésitations d'une politique timide ou intéressée.

Voilà ce que l'on vit alors. Soit lenteur et défaut d'ensemble dans les mesures des cabinets, soit calculs d'un lâche égoïsme, soit même secrète complaisance pour ces maximes populaires, dont la contagion s'était glissée jusque dans les conseils des Rois, les effets ne répondirent pas à l'attente trop légitime des amis de la monarchie ; la monstrueuse démocratie royale qui venait d'être proclamée à Paris fut tacitement sanctionnée par l'inaction des puissances ; et les frères de Louis XVI se virent presque abandonnés.

Mais l'audace des factieux arrachera les Rois à leur sommeil. Enhardis par les tergiversations des puissances coalisées, irrités de l'asile que trouvent près d'elles les Princes et la noblesse française, ils se décident à commencer eux-mêmes les hostilités : la révolution déclare la guerre à l'Autriche par l'organe de Louis XVI ; les Princes français et leurs nobles compagnons d'infortune pourront enfin voler au secours de leur Roi ; et le Comte de Provence ira chercher au milieu des périls cette espèce de consécration que les hommes destinés à porter le sceptre reçoivent sur les champs de bataille.

Bientôt tout s'ébranle sur les bords du Rhin. Quatre-vingt-dix mille hommes de troupes combinées, déployant un front redoutable, se dirigent vers nos frontières, ou plutôt vers la prison de Louis. Sur trois points différens de cette vaste ligne, la bannière de France flotte au milieu des rangs de la coalition. A gauche, l'héritier du vainqueur de Rocroy se présente devant l'Alsace. A droite, le Duc de Bourbon, accompagné du Duc d'Enghien, s'avance par la partie des Pays-Bas qui avoisine les Ardennes. Au centre, les frères du Roi captif ont élevé l'oriflamme sur les rives de la Moselle, et se dirigent, par Thionville et Verdun, vers les plaines de la Champagne. C'est autour d'eux que sont rassemblés en plus grand nombre ces braves descendans des preux, l'élite de la noblesse française, heureux et fiers de montrer dans leurs rangs, à côté du Comte d'Artois, ce modèle des chevaliers, les deux jeunes Princes ses fils, qui font, au milieu de leurs nobles escadrons, l'apprentissage des vertus guerrières. Le Comte de Provence marche à la tête de ces héros fidèles, et fait passer dans tous les cœurs l'ardeur dont il est animé. Déjà la population des villes et des campagnes s'émeut de joie et d'espérance à l'approche de ses libérateurs.

L'armée des révolutionnaires n'oppose qu'une faible résistance. Les troupes combinées franchissent sans effort la ligne défensive des provinces frontières. On n'est plus qu'à quarante-cinq lieues de Paris; et, dans cette immense capitale, l'épouvante s'est emparée des factieux, tandis que les citoyens honnêtes appellent de tous leurs vœux la fin d'une odieuse tyrannie.

Tout à coup une inconcevable inertie suspend la marche des puissances coalisées, et donne à des maladies contagieuses le temps de moissonner leurs légions. L'incertitude règne dans les conseils. Un chef dont l'opinion est d'un grand poids propose d'ajourner la campagne, malgré les énergiques remontrances des Princes et des généraux français. On attendait le signal d'une bataille : on reçoit un ordre de départ.

Telle fut cette étonnante retraite, qui devait influer si cruellement sur les destinées de l'Europe, et dont l'impartiale histoire n'ose approfondir les motifs..... Peuples insensés ! ministres aveugles ! souverains jaloux ou pusillanimes ! ce monstre que vous pouviez étouffer au berceau grandira pour votre ruine : vous apprendrez un jour dans vos villes en cendres ce que l'on gagne à ménager les révolutions !

Qu'on se représente l'abattement et la douleur des Princes, lorsque, rentrés en Allemagne, ils virent se dissoudre les armées combinées; lorsqu'il fallut dire un déchirant adieu à ces intrépides défenseurs de la monarchie, que l'appel de l'honneur avait ralliés à leur panache blanc ! C'en est donc fait : l'espoir dont ils s'étaient flattés s'éloigne d'eux plus que jamais ; ils doivent attendre des temps plus favorables

ou des alliés moins timides. Mais la révolution at-
tendra-t-elle? suspendra-t-elle son épouvantable activité?... Ah! la mesure des forfaits est déjà plus qu'à
demi comblée : le trône est tombé; le Monarque et
sa famille sont prisonniers dans la tour du Temple;
une hideuse république est sortie de la fange révolutionnaire à la voix d'un vil comédien; l'horrible
Convention a pris naissance au milieu des massacres
de septembre; et bientôt le sol de la France se cou-
vre de ruines, de sang et d'échafauds.

Louis-Stanislas et son frère, obligés, par les progrès des républicains dans la Belgique, de se retirer
au delà du Rhin, habitaient depuis près d'un mois
le château de Ham, en Westphalie, lorsqu'ils reçu-
rent la nouvelle de l'épouvantable attentat du 21
janvier. Ne cherchons point à retracer le deuil affreux où les plongea cette foudroyante nouvelle : la
langue, comme la peinture, manque d'expressions
pour les grandes douleurs. J'aime mieux vous re-
présenter Louis, appelé à la régence par les lois de
la monarchie, faisant saluer le jeune prisonnier du
Temple du nom de Louis XVII, proclamant le
Comte d'Artois Lieutenant-général du royaume,
s'occupant sans retard de créer un conseil, d'orga-
niser un ministère, et tentant de nouveaux efforts
auprès des puissances, en faveur de la légitimité.
Constance vraiment héroïque, et mille fois plus rare
que les vertus guerrières! un Prince délaissé, proscrit, errant loin d'un royaume en proie à l'anarchie,
supplée aux moyens qui lui manquent par son infatigable activité; entretient, à l'égal des plus grands
rois, des ambassadeurs et des agens dans toutes les

cours de l'Europe ; oppose avec un courage opiniâtre aux succès de la révolution les ressources de sa politique ou l'ascendant de son caractère ; et, soutenant, sans en être abattu, tout le poids de l'adversité, attend l'heure de la justice et ne désespère point de la monarchie. Voilà, Messieurs, ce que faisait Louis dans ces longues années de son exil, dont l'histoire est trop peu connue ; voilà sous quels traits il va nous apparaître dans la suite de ce Discours.

Une nouvelle campagne venait de s'ouvrir sous de meilleurs auspices. Les Autrichiens avaient reconquis la Belgique. La Prusse avait repris une attitude hostile, et repoussait de l'Allemagne les troupes de la révolution. Les vaillans soldats de Condé, orgueilleux de voir à leur tête trois générations de héros, préludaient, sur les frontières de l'Alsace, aux brillantes journées de la Lauter et de Berstheim. L'Angleterre se déclarait ouvertement contre les régicides. L'Espagne allait franchir les Pyrénées, pour venger sur cette faction sanguinaire le lâche assassinat du chef de la maison de Bourbon. L'indignation était plus vive encore dans le sein même de la France : les royalistes s'armaient sur plusieurs points pour abattre la tyrannie républicaine ; l'héroïque Vendée s'était levée pour la première fois du milieu de ses bois et de ses chaumières ; la Bretagne imitait son exemple ; le midi fermentait de toutes parts ; Lyon osait braver les foudres de la Convention ; Marseille voulait laver l'opprobre dont l'avaient souillée quelques monstres sortis des rangs de sa

2.e ÉPOQUE.

Du 21 janvier
au 18 brumaire.

populace ; Toulon , enfin , ouvrait son port aux puissances coalisées, arborait le drapeau sans tache, et appelait dans ses murs le Régent du royaume , après avoir proclamé le jeune Roi. Aussitôt le Comte de Provence , qui n'attend qu'un moment favorable pour rentrer sur le sol français , s'empresse de répondre aux vœux de cette cité courageuse : il accourt du fond de l'Allemagne , et gagne les ports de l'Italie , d'où il fera voile pour Toulon.

Qui n'eût dit que la révolution était vaincue, et que le règne du crime allait finir ? Mais tout échoua de nouveau par les temporisations des puissances. La faction régicide , dont ces lenteurs ont relevé l'audace, multiplie sur tous les points menacés son activité meurtrière, sème autour d'elle l'épouvante par les horribles inventions de son génie destructeur, et jure d'éteindre dans des flots de sang l'incendie qui s'allume au sein des provinces. Les citoyens abandonnent en foule leurs foyers ensanglantés par l'anarchie, pour aller chercher dans les camps la victoire ou un noble trépas; des succès obtenus sur la coalition repoussent ses armées hors des frontières; la révolution est partout triomphante; et le Régent apprend, en entrant dans Turin, que la cité fidèle qui l'appelait dans ses murs expie par la flamme et le fer le généreux élan de son royalisme.

Il veut alors fixer sa résidence à la Cour du Roi son beau-père, pour y surveiller l'occasion de tenter encore la fortune; mais les oppresseurs de la France, qui déjà font trembler l'Europe, ne sauraient voir sans inquiétude un Prince du caractère de Louis établi près de nos frontières et des ports de la Méditerranée : il reçoit du Roi de Sardaigne l'ordre de quitter ses états. Le Duc de Parme, son parent, n'ose l'accueillir dans les siens. Contraint de s'éloigner encore, il ne s'arrête qu'à Vérone, sur le territoire de Venise. Ainsi, le descendant de tant de rois, l'allié de tant de têtes couronnées, ne devait trouver l'hospitalité que chez les citoyens d'une république.

Dans cette nouvelle retraite, où tout semble l'abandonner, il n'abandonne pas son projet de faire triompher la monarchie, et de replacer sur le trône le jeune fils du Roi martyr. Averti par l'expérience, du peu de secours qu'il doit attendre de l'énergie des souverains, il met désormais son seul espoir dans le dévouement de la France : car il sait combien il est encore, au sein de cette nation infortunée, de cœurs généreux et fidèles qui battent au nom de leur Roi. Mais, tandis que de nouveaux mouvemens se préparent dans les provinces de l'ouest, un bruit fatal s'est répandu : le royal orphelin que des mains homicides torturaient lâchement dans la tour du Temple depuis l'assassinat de ses augustes parens, venait d'exhaler son âme innocente : Louis XVII n'était plus. Aussitôt Louis XVIII est proclamé sur la plage de Quiberon, où une poignée de héros est venue cueillir la palme du martyre ; il est proclamé sur les bords du Rhin, par d'autres guerriers fidèles, toujours réunis sous le glorieux étendard des Condés. Le nouveau Roi notifie son avénement à toutes les Cours de l'Europe. Il adresse aux Français égarés une proclamation touchante, où sa belle âme s'épanche toute entière. Le voilà donc chargé du poids de cette couronne des lis, autrefois si vénérée des peuples, et qui semble maintenant dévouer aux furies les nobles fronts qu'elle a touchés!...

Son règne a déjà commencé sous les plus sinistres auspices. Pendant qu'il déplorait la désastreuse issue de la descente opérée en Bretagne, une nouvelle non moins accablante lui parvient de la Péninsule : le chef de la seconde branche royale de sa famille, égaré par de lâches conseils, vient de signer la paix avec les assassins de Louis XVI, et de se déclarer ainsi le premier vassal de la révolution. La Prusse, également livrée à de funestes influences malgré le noble caractère de son Souverain, a pareillement déposé les armes. Les autres puissances coalisées n'opposent, sur le continent, qu'une faible résistance aux progrès des républicains. Louis tourne ses yeux vers l'Angleterre, dont les vaisseaux pourront le transporter au sein de la fidèle Vendée. Mais on craint d'exposer les jours du nouveau Roi aux hasards d'une guerre meurtrière ; on veut s'assurer avant tout du succès de l'expédition. Lui seul, dédaignant ces alarmes, ne voit que les grands intérêts dont la providence l'a chargé : il s'est dévoué sans réserve au salut de la monarchie. C'est alors, qu'il écrit de sa main à son ambassadeur près le cabinet britannique cette lettre si précieuse pour l'histoire, dont vous me reprocheriez sans doute de n'avoir pas reproduit quelques traits. « On appréhende pour ma vie. Mais » de quel poids peut être cette crainte à côté de mon » honneur et de ma gloire ?..... Si j'étais tué, loin » que cet événement décourageât mes fidèles sujets, » mes vêtemens teints de mon sang redoubleraient

» leur courage plus qu'aucun autre drapeau..... Il
» n'y a rien à craindre pour le Roi, qui ne meurt
» jamais en France..... Le passage du Rhin, la sai-
» son qui s'avance, tout se réunit pour me persua-
» der, qu'au moins pour cette année, le corps du
» Prince de Condé n'agira pas..... Que me reste-t-il
» donc? la Vendée. Qui peut m'y conduire? le Roi
» d'Angleterre. Insistez de nouveau sur cet article :
» dites aux ministres, en mon nom, que je leur de-
» mande mon trône ou mon tombeau. La provi-
» dence en décidera, et je me soumets d'avance à
» ses décisions. Tout autre parti, quel qu'il soit,
» est dangereux pour le bonheur présent et futur de
» mon royaume ; dangereux même pour la tranquil-
» lité de l'Europe ; incompatible avec l'état de la
» France ; et (s'il m'est permis de parler de moi
» après de si grands intérêts) insupportable pour mon
» cœur. » — Qui ne croirait, Messieurs, entendre
Henri IV, s'exprimant dans la langue noble et éle-
vée de Louis-le-Grand?

Mais cette lettre si pressante ne sera suivie d'aucun résultat : une descente est vainement tentée sur
les côtes du Poitou ; la même fatalité fait échouer,
sur la frontière opposée, les secrètes intelligences du
Prince de Condé avec l'armée républicaine ; une
agence établie à Bâle pour servir la cause du Roi
est pareillement découverte ; et l'illustre exilé de
Vérone, dont la faction dominante redoute de plus
en plus l'infatigable activité, est bientôt entouré
d'espions chargés d'éclairer toutes ses démarches.

A cette époque (1), une constitution nouvelle ve-

____

(1) 1795.

naît d'être donnée à la France. L'abominable Convention avait signalé par le canon de vendémiaire la fin de son règne de sang. Mais le Directoire, qui lui succédait, conservait, sous des dehors moins tumultueux, le même acharnement contre les idées monarchiques. Peu content de redoubler d'efforts pour réduire à la paix l'héroïque Vendée, il fit demander au Sénat de Venise d'éloigner de son territoire le Souverain désarmé dont l'inébranlable constance faisait trembler sa politique. Les troupes de la révolution menaçaient déjà l'Italie : Venise, autrefois si fière, n'eut pas la force de persister dans un refus ; le Sénat fit notifier à Louis l'ordre de sortir sans retard des états de la République. « Je partirai, » répondit-il ; mais j'exige deux conditions : la pre- » mière, qu'on me présente le *Livre d'or* où sont » inscrits les noms de ma famille, pour que je les » efface de ma main ; la seconde, qu'on me rende » l'armure dont l'amitié de mon aïeul Henri IV fit » présent à la République. »

Le *Podesta* de Vérone signifie à Louis sa protestation contre cette double demande : « Je ne la reçois » pas, répond le petit-fils de Louis XIV ; je ne recevrai » pas davantage celle du Sénat. J'ai dit que je par- » tirais : je partirai en effet. Mais je persiste dans » ma réponse ; je me la devais ; et je n'oublie pas » que je suis Roi de France. »..... Allez, noble fils des héros ! vous avez fait votre devoir ; allez subir votre destinée. C'est pour les âmes élevées que sont faits les orages de l'adversité.

Il restait à Louis une retraite, peu magnifique sans doute, mais du moins voisine de la France, et

sur-tout digne de sa vertu : c'était la tente du guer-
rier fidèle. Sur la rive droite du Rhin, près des
frontières de la Suisse, la petite armée de Condé
tenait alors ses cantonnemens au milieu des montagnes du Brisgaw. Depuis quatre ans, les braves qui
la composaient n'avaient point quitté leurs bannières. Proscrits dans leur pays natal, où la révolution
avait décimé leurs familles et dévoré leur patrimoine,
il ne restait à la plupart d'entr'eux d'autre ressource
que le métier des armes. Après s'être enrôlés d'abord
sous l'étendard de la fidélité pour combattre la révolution, ils étaient demeurés, plus tard, à la solde
de l'Empereur d'Autriche, consolés par la vue de
leur drapeau sans tache, par la présence des Princes
qui les commandaient, mais sur-tout par la pensée
qu'ils servaient toujours la monarchie, et qu'ils con-
tribueraient à replacer la France sous le sceptre paternel de ses Rois.

C'est dans les rangs de ces serviteurs éprouvés,
que Louis se décide à chercher un asile. Il part de
Vérone, accompagné seulement de deux de ses offi-
ciers, passe rapidement les Alpes, et se présente à
l'improviste au quartier-général du Prince. « Ce n'est
» pas le Roi qui vient commander son armée, dit-il
» au Nestor de la chevalerie; c'est le premier gentil-
» homme du royaume qui vient servir sous les or-
» dres du digne descendant du grand Condé. »

Comment peindre les transports de joie de cette
valeureuse armée à la vue de son Souverain ? Un
moment de bonheur semblait avoir payé des années
de privations et de souffrances. Bientôt une cérémonie touchante fit couler des larmes de tous les

yeux. Charette venait de succomber dans sa glorieuse lutte contre les oppresseurs de la France : fait prisonnier par les soldats du Directoire, il avait payé de son sang son attachement pour ses Rois. Louis fit célébrer un service funèbre en mémoire du héros de la Vendée. On vit, dans un coin ignoré de l'Allemagne, au pied des monts de l'Helvétie, l'héritier de soixante Rois, entouré des Princes de son sang, invoquer humblement le Dieu des armées pour le martyr de la fidélité. De vieux guerriers français, exilés de leur pays, racontaient en pleurant, sous le ciel de la Germanie, les prodiges de constance et de courage des paysans de la Bretagne et du Poitou. Après la cérémonie religieuse, le Roi lui-même prit la parole pour honorer d'un hommage public les vertus du chef vendéen, et tous les cœurs furent émus par cet illustre témoignage d'une royale gratitude.

Cependant l'armistice qui avait terminé la dernière campagne était sur le point d'expirer. Louis attendait avec impatience la reprise des opérations militaires : il se croyait déjà sur l'autre bord du fleuve, touchant enfin cette terre de France, que ses yeux regardaient avec amour, retrouvant ses sujets fidèles, pardonnant à ses sujets égarés, grossissant tous les jours son armée des transfuges de la République, et marchant sur la capitale, après s'être joint à Pichegru, qui n'attendait, au pied du Jura, que le signal de voler au-devant de son maître.

Mais à peine les hostilités recommencent-elles, qu'un courrier dépêché de Vienne apporte au maréchal Wurmser l'ordre de diviser ses forces pour voler au secours de l'Italie, envahie par les républicains. En même temps, des instructions parvenues à l'Archiduc Charles lui prescrivent de se retirer derrière le Rhin, et de se borner à la défensive. L'armée du Prince de Condé est obligée, en conséquence, de rentrer dans ses positions, au moment même où, transportée d'ardeur, elle se disposait à traverser le fleuve.

Qu'on se représente les regrets de ces braves et la juste douleur du Roi ! avait-on jamais vu le sort se jouer plus cruellement des espérances de la vertu malheureuse ? Ce n'est point assez : tandis que les troupes du Directoire font la conquête de l'Italie, l'armée républicaine établie dans l'Alsace vient de forcer la barrière du Rhin, et, débouchant avec impétuosité sur la rive droite, elle menace d'écraser par le nombre les faibles restes de l'armée de Wurmser. En vain le jeune Duc d'Enghien, qui commande l'avant-garde de l'armée royale, s'efforce d'arrêter le torrent par des prodiges de valeur : tout plie devant cette irruption soudaine ; les troupes des Cercles prennent l'alarme les premières ; les Impériaux se retirent vers les montagnes, et l'armée royale est réduite à suivre le mouvement général.

Durant quinze jours d'une pénible retraite, cette héroïque armée, sans cesse harcelée par l'ennemi, fut engagée sur toute la ligne. Louis, pendant la canonnade, paraissait au milieu des troupes, qui le saluaient avec enthousiasme des cris répétés de *vive le Roi !* Il marchait, entouré des Princes, à la tête de l'infanterie noble, faisant à cheval les plus longues courses, à travers des monts escarpés, et par

des chaleurs accablantes. Inutiles efforts ! On apprend que les soldats de la république, victorieux
sur tous les points, menacent d'inonder l'Allemagne
entière. Les valeureux compagnons de Condé ne
s'alarment point pour eux-mêmes : mais que devien-
dra le Roi, s'ils sont enveloppés par le nombre ? On
le conjure de mettre ses jours en sûreté. Pourquoi
tarderait-il encore ? Il a perdu de vue les frontières
de son royaume ; et son projet ne fut jamais de faire
couler, au fond de l'Allemagne, le sang français
pour des intérêts étrangers. Il se décide enfin à une
séparation devenue nécessaire, et prend la route du
Danube, suivi d'un petit nombre de serviteurs.

Il était, quatre jours après, à Dillingen, petite
ville sur les bords du fleuve, lorsqu'un abominable
attentat fut entrepris contre ses jours : un scélérat,
du fond d'une embuscade, dirige sur lui le coup d'une
arme à feu, dont la balle vient l'effleurer au sommet
de la tête. Au mouvement qu'a fait Louis, à la vue
du sang qui coule de son front, ses serviteurs l'en-
tourent éperdus. « Rassurez-vous, mes amis, leur
» dit-il : vous voyez bien que je suis resté debout,
» quoique le coup soit à la tête. » — Ah ! mon maître,
s'écrie le fidèle d'Avaray, si le misérable eût frappé
une demi-ligne plus bas !... — « Eh bien ! répond
» tranquillement le Prince, le Roi de France s'ap-
» pellerait Charles X. »

On s'efforça vainement de découvrir le coupable :
l'infâme était allé sans doute réclamer le salaire de
son forfait.

Enfin, l'illustre fugitif fixa sa résidence à Blankenbourg, petite ville du duché de Brunswick, située

non loin d'Halberstadt, au sein d'une contrée mon-
tagneuse et froide. Là, dans une retraite obscure,
environné de rochers et de bois, pendant que les
armées du Directoire triomphaient en Allemagne et
en Italie, Louis, avec une incroyable persévérance,
assemblant de loin les anneaux de la chaîne mysté-
rieuse qui unissait ses fidèles sujets de l'intérieur du
royaume, poursuivait l'entreprise si chère à son
grand cœur, de relever le trône des Bourbons par
le seul ascendant moral des opinions monarchiques,
et sans l'équivoque secours des armes de l'étranger.
Mais le Directoire, effrayé des progrès de l'opinion
royaliste dans les deux Conseils, dans la capitale et
dans les provinces, se hâte de ressaisir, par une
grande mesure, le pouvoir prêt à lui échapper; il
appelle à son secours le fer des soldats, au mépris
de la constitution qu'il a jurée; et la fameuse journée de fructidor (1) fait évanouir en un moment
les espérances du parti monarchique.

En même temps, les succès toujours plus rapides
des armes républicaines avaient amené les négo-
ciations de Léoben et le traité de Campo-For-
mio (2) : l'Autriche avait conclu la paix avec le
Directoire : toutes les puissances de l'Europe, excepté
l'Angleterre et la Russie, s'humiliaient devant les
révolutionnaires. Comment Louis aurait-il pu long-
temps jouir de sa retraite de Blankenbourg ? Le Directoire somma le cabinet prussien d'exiger du Duc
de Brunswick qu'il renvoyât le Prince fugitif de ses

____

(1) 18 fructidor (4 septembre 1797.)
(2) 17 octobre 1797.

États héréditaires. Louis, réduit à s'éloigner de plus en plus de la France, fut contraint d'accepter l'asile que l'Empereur de Russie Paul I.er lui faisait offrir dans Mittau, capitale de la Courlande. Déjà ce Souverain puissant, héritier des sentimens de son illustre mère envers les compagnons du Prince de Condé, avait, depuis la fin de la guerre d'Autriche, accordé la plus honorable hospitalité à cette héroïque armée et à son noble chef. Louis allait donc retrouver sous ce ciel étranger une partie de la vieille France, et les consolations de l'amitié ne devaient point manquer à son exil. Le Czar lui avait fait préparer, dans le château des anciens Ducs de Courlande, une retraite digne de lui, et n'avait rien négligé pour que l'héritier de tant de Rois conservât, à quatre cents lieues de son pays, une image de la splendeur du trône.

Ce fut de ce nouveau séjour qu'il écrivit au souverain Pontife Pie VI, alors relégué par les républicains dans la chartreuse de Florence, cette lettre justement célèbre, où le Roi proscrit par ses sujets rebelles supplie le Pontife détrôné et captif de pardonner à des enfans égarés l'outrage qu'ils ont fait à sa vieillesse. « Les seuls coupables, lui dit-il, » sont les tyrans qui oppriment mon peuple. Votre » Sainteté ne confondra pas leurs victimes avec eux ; » et ses prières, plus agréables que jamais à Dieu » dans ces temps d'épreuve et de douleur, seront, » j'ose l'en conjurer, plus spécialement dirigées en » faveur de cette nation, qui ressent d'une manière » si terrible les effets de la colère céleste. » Ainsi le fils aîné de l'Église consolait par son langage respectueux le père commun des fidèles, en attendant le jour où l'Église et la France devaient sortir plus glorieuses de leur longue persécution.

Cependant, autour du Monarque exilé si loin de son royaume, s'était réunie une Cour pauvre et peu nombreuse, mais dévouée et riche de vertus. C'étaient des amis d'une constance éprouvée, comme tous ceux qui suivent les princes malheureux; de valeureux guerriers, nobles représentans de l'antique loyauté française; un petit nombre de magistrats et de citoyens intrépides, qui, par leur noble conduite au moment des dangers du trône, avaient mérité l'insigne honneur d'être associés à l'exil de leur Roi; enfin, quelques ministres d'une religion sainte, parmi lesquels on retrouvait, non sans une émotion profonde, le prêtre inspiré qui avait dit au Roi martyr: « *Fils de Saint Louis, montez au ciel.* » D'anciens gardes-du-corps de Louis XVI, accourus de l'armée de Condé, montaient la garde dans la cour du château de Courlande, comme autrefois sous les brillans portiques de Versailles. Cette troupe fidèle se pressait avec amour autour du vertueux Monarque, de la Reine son épouse et des deux Princes ses neveux. Il ne manquait, dans ce commun asile de tant d'augustes infortunes, que le père des jeunes Princes et l'intéressante orpheline échappée comme par miracle aux fureurs de la révolution. Le Comte d'Artois habitait alors la Grande-Bretagne, pour diriger les mouvemens des royalistes de l'ouest. La jeune orpheline du Temple, retirée à la Cour d'Autriche depuis la fin de sa captivité, croissait à l'ombre du trône des Césars, pour accomplir ses hautes destinées.

Louis, jaloux de fixer près de lui l'unique enfant

de l'infortuné Louis XVI, avait conçu l'espoir d'un hyménée qui devait faire le bonheur de sa famille et la consolation de ses vieux jours : le ciel exauça ses désirs. La petite-fille de Louis XIV et de Marie-Thérèse, brillante de tous les trésors de la jeunesse et de la beauté, ornée de toutes les vertus qui font les reines accomplies, aurait pu prétendre aux hommages des princes les plus puissans et les plus heureux. Son cousin était pauvre, exilé, proscrit ; mais il supportait avec dignité les malheurs de sa noble race, mais il était loyal et brave, il était Bourbon, il était Français : ce fut lui qu'elle préféra. Oh ! quelle fut alors la joie de l'auguste chef des Bourbons ! Il n'eût pu soutenir l'idée de voir sa fille d'adoption séparée de la France par une alliance étrangère. « Quelque bonheur, écrivait-il, que cette » union me promette, c'est bien moins encore pour » moi que j'en jouis, que pour mes fidèles sujets. » Ils verront avec attendrissement l'unique rejeton » du Roi martyr que nous pleurons, fixé à jamais » près du trône. Et moi, lorsque la mort sera venue » m'empêcher de travailler à leur bonheur, je leur » aurai du moins donné une mère, qui ne pourra » jamais oublier ses propres infortunes qu'en ren- » dant ses enfans heureux. » — Admirons, Messieurs, les décrets de la providence, qui nous découvrent clairement, dans la succession des événemens et des années, la profondeur des vues de cet excellent Roi.

La jeune Princesse venait d'arriver à Mittau avec le retour du printemps (1); et cette famille infor-

____

(1) 1799.

tunée semblait renaître au bonheur et à l'espérance. Bientôt brille le jour désiré. Louis, impatient d'achever son ouvrage, presse lui-même les préparatifs de l'hymen. Leur touchante simplicité sera digne d'une Cour exilée. Dans une antique galerie du château des Ducs de Courlande, un autel modeste a été dressé. A l'entour pendent quelques festons de verdure, entremêlés de roses et de lis. Là, dans le plus simple appareil, les descendans de tant de Rois, les héritiers du premier trône de l'Europe, attendent la bénédiction nuptiale, prosternés sur une terre étrangère. Devant eux, les déserts immenses de la Russie, ou les froides plages de la Baltique. Loin, bien loin derrière eux, la belle France leur patrie, opprimée par d'ignobles tyrans. Mais près d'eux est le Roi leur père, qui veillera sur leurs destins; près d'eux le vénérable Edgewort croit voir, en ce moment heureux, errer une ombre consolée. Les cieux, s'entr'ouvrant sur leur tête, bénissent l'union de ces âmes vertueuses; et Saint Louis, du haut des demeures éternelles, abaisse un regard satisfait sur le front de ses deux enfans..... Allez, couple admirable ! modèles des époux ! et puissiez-vous bientôt rentrer dans cette France, si malheureuse depuis qu'on vous sépara d'elle, si fortunée lorsque vous lui serez rendus !

La cérémonie fut célébrée par le cardinal de Montmorency, grand-aumônier de France. Le Czar avait signé le contrat de mariage. Il en recueillit le dépôt dans les archives du Sénat. Ainsi fut accompli le grand dessein que Louis avait préparé dans sa sagesse.

C.

Mais la conduite de cette entreprise n'avait pas détourné sa vue des événemens politiques qui se succédaient en Europe avec une étonnante rapidité. Tandis que la fureur des révolutionnaires mettait l'Helvétie à feu et à sang, s'acharnait contre l'Allemagne, désolait l'Italie entière, fondait sur l'Égypte en pleine paix, et menaçait de troubler tout le globe, une nouvelle coalition s'était formée contre eux sous les auspices de la Russie, et se préparait à les accabler. Bientôt la campagne s'ouvre à la fois sur l'Adige et sur le Danube : l'Autriche s'ébranle la première ; le redoutable Sowarow s'avance à la tête des légions du Czar ; cinq batailles gagnées sur les républicains leur arrachent en trois mois le sceptre de l'Italie ; l'Allemagne respire enfin ; la Suisse est en partie délivrée. Alors les fidèles sujets de l'intérieur sentent renaître leurs espérances ; la haine contre les oppresseurs de la France se réveille de toutes parts ; des partis armés se forment dans les provinces. Louis entreprend, malgré la distance, de régler l'ensemble de leurs mouvemens ; et, croyant voir se terminer enfin cette longue et désolante alternative d'espérances et de revers, il renoue avec une merveilleuse habileté les fils rompus et dispersés de ses anciennes intelligences. Déjà tout marche de concert : à l'ouest, la Bretagne, l'Anjou, la Normandie, la Vendée depuis long-temps inactive, retrouvent leurs chefs et leurs soldats ; les provinces environnantes se préparent à suivre leur exemple. Au midi, Bordeaux et Toulouse sont les foyers de deux vastes insurrections. Le Bas-Languedoc, la Provence ont aussi leurs mécontens qui s'organisent. Lyon brûle encore de l'ardeur guerrière qu'il déploya sous la Convention. Pichegru, heureusement échappé des déserts empestés de la Guyane, avec d'autres proscrits de fructidor, traverse rapidement l'Allemagne pour venir commander les royalistes de la partie orientale. Au sein de Paris même, des hommes dévoués reçoivent les ordres d'une agence royale établie à Ausbourg, et correspondent avec les provinces. Tout est prêt pour une grande catastrophe. Elle doit avoir pour signal le gain d'une bataille décisive livrée par la coalition.

Mais la défaite des Russes à Zurich met tous les calculs en défaut. Le Czar, irrité d'un revers qu'il attribue à la jalousie de l'Autriche, intime sur-le-champ à ses armées l'ordre de revenir dans ses états, déconcerte les plans de la coalition, et fait évanouir comme l'éclair les espérances de la France monarchique.

En même temps d'autres événemens renouvelaient la face du monde. Le jour était enfin venu où les nations aveuglées allaient porter la peine de leurs longues erreurs; et le moment est arrivé pour moi, Messieurs, de mêler à ma narration un personnage trop célèbre, que vos regards cherchaient sans doute dans les événemens militaires dont j'ai commencé le tableau.

Un homme élevé dans les camps, au milieu de nos tempêtes publiques, avait conçu l'espoir de s'ouvrir avec l'épée une route au pouvoir suprême. Sa froide et sauvage réserve servit long-temps de voile à ses projets ambitieux. Confondu d'abord dans les rangs de l'armée républicaine, il en sort à la voix des démagogues, dont il a gagné la faveur. Il leur ouvre les portes de Toulon en foudroyant de son artillerie cette cité fidèle et malheureuse. A la journée de vendémiaire, il leur assure la victoire en mitraillant dans les rues de Paris le peuple soulevé par leur tyrannie. Bientôt il conduit leurs armées à des guerres d'envahissement ; et là, par la forte impulsion qu'il imprime à la valeur française, par l'audace de ses entreprises, par la vaste puissance réunie en ses mains, par cette volonté de fer, qui devient elle-même une puissance, il exerce sur l'esprit du soldat un ascendant irrésistible, s'entoure d'un prestige inconnu jusqu'alors, fait croire tout le monde à son étoile, comme il semble y croire lui-même, et déjà cause de l'ombrage aux tyrans qui l'ont élevé.

Tel fut l'homme extraordinaire qui devait un jour punir l'Europe de sa lenteur à combattre la révolution.

Il errait en ce moment au delà des mers, avec les débris d'une armée échappés à la peste et au fer des Musulmans, lorsque, informé secrètement des divisions intestines du Directoire et des deux Conseils, instruit de la haine du peuple pour ces autorités avilies, et convaincu que l'anarchie doit finir par le despotisme d'un soldat, il se lasse d'être prisonnier dans sa conquête, passe la mer en fugitif, court à Paris, pénètre au foyer des intrigues, voit que la fortune est pour lui ;.... alors, levant tous les obstacles par l'audace et les baïonnettes, il renverse un gouvernement sans appuis, abroge la constitution, et s'empare du pouvoir suprême.

Le peuple, spectateur immobile de cette révolution nouvelle, vit sans regret et sans alarme tomber un gouvernement méprisé. Un homme qui semblait n'avoir saisi l'autorité que pour enchaîner les factions ne pouvait déplaire qu'aux partisans de l'anarchie. Les amis de la royauté crurent n'assister qu'au premier acte d'un drame dont le dénouement comblerait leurs vœux : ils s'obstinaient à voir un nouveau Monck sous la cuirasse du moderne Cromwell. Les républicains modérés virent avec joie le gouvernement prendre plus de force et de stabilité : ils ne s'alarmaient point d'un Dictateur, pourvu qu'ils eussent toujours la République. Pour la classe, toujours nombreuse, de ceux qui ne veulent que le repos, elle espérait que la destruction des partis amènerait la pacification de l'Europe : il lui tardait de respirer après tant d'agitations et de malheurs. Enfin, le souvenir des monstres sous lesquels on avait tremblé, servait mieux le héros du jour que tous les secrets de sa politique : il éblouit facilement les yeux par quelques actes de modération ou de justice; et peu d'hommes furent assez clairvoyans pour découvrir dans le bien qu'il omettait de faire, tout le mal qu'il ferait un jour.

Lui cependant, habile à profiter de la fortune, qui le servait au delà de ses vœux, ne négligeait aucun moyen d'affermir son autorité et d'augmenter le nombre de ses créatures. Gagnant les uns par ses largesses, ébranlant les autres par l'entraînement général; accueillant avec une apparente confiance les amis les plus équivoques, poursuivant avec un acharnement implacable les ennemis déclarés; il ne vit bientôt plus d'obstacle à ses projets ambitieux. Il aurait pu se couvrir d'un immortel honneur en n'aspirant qu'à la seconde place : il voulut avoir la première. Il se rit de cette épée de Connétable, que tant d'honnêtes royalistes lui destinaient sous les Bourbons; il ne chercha plus à déguiser sa haine contre ces augustes proscrits. Enfin, le succès de ses armes accoutumant les souverains à traiter des intérêts de leurs couronnes avec cet héritier de la révolution, toute espérance parut interdite à la royauté légitime.

Alors commencent pour Louis de nouvelles et de plus douloureuses épreuves. Le puissant Monarque du nord qui l'avait accueilli dans ses états s'était laissé déjà séduire par la réputation guerrière du Dictateur. Celui-ci, dont l'astucieuse politique entretient des intelligences dans toutes les Cours de l'Europe, se hâte de mettre à profit les dispositions favorables du Czar. Il aigrit ses préventions contre les cabinets de Vienne et de Saint-James; il emploie d'adroits émissaires pour s'insinuer dans sa confiance, et finit par obtenir de lui la plus étrange preuve de dévouement : au commencement de l'année 1801, et le 21 janvier (date fatale), Louis reçoit avec surprise l'ordre de sortir sur-le-champ du territoire de la Russie.

Les Princes ses neveux étaient en ce moment sous les drapeaux. Madame, restée près du Roi, célébrait dans la retraite et dans le deuil le douloureux anniversaire. Louis la pressa vainement de ne pas abandonner Mittau : elle voulut suivre son père adoptif, et partager jusqu'au bout ses disgrâces.

Il fallut partir le jour suivant, les yeux encore mouillés de larmes, par le froid le plus rigoureux, dans le plus âpre des climats. Les illustres fugitifs se dirigèrent vers Memmel, première ville des États prussiens, en suivant des chemins déserts, couverts de neige, à peu de distance de la mer. Le Roi n'emmenait avec lui qu'un petit nombre de serviteurs fidèles. Il ignorait quelle retraite s'ouvrirait à son infortune ; il ne prévoyait qu'un avenir désastreux. On marcha pendant plusieurs jours dans les plaines sauvages de la Samogitie, où l'hiver déchaînait alors toutes ses fureurs. L'auguste voyageur était souvent contraint de faire à pied une partie de la route, appuyé sur l'héroïque orpheline, à travers des lieux glacés et impraticables, tandis que les tourbillons et les tempêtes aveuglaient les hommes et les chevaux. Le soir, un réduit misérable abritait ces têtes illustres. On repartait le lendemain, après avoir béni la providence ; et rien ne pouvait altérer ni l'admirable sérénité du Monarque ni l'immortel courage de la fille des Rois. O femme incomparable ! par quels témoignages d'amour pourrons-nous jamais reconnaître ce que vous avez fait pour notre Roi, pour notre père ?

Ce fut encore elle dont l'active tendresse, permettant au Monarque fugitif de conserver la dignité du malheur, sollicita pour lui, du Roi de Prusse, un asile dans Varsovie, qui dépendait alors de ses États.

Pendant que le chef des Bourbons cache sa douloureuse destinée dans l'ancienne capitale de la Pologne, où régna l'un de ses aïeux, l'heureux soldat

que la fortune a donné pour maître à la France
marche d'un pas rapide à la plus étonnante domi-
nation. Faisant tout plier au dedans sous sa volonté
despotique, constamment vainqueur au dehors par
la valeur de ses armées et l'habileté de ses généraux,
il devient la terreur des nations voisines; il dicte
des traités, forme des alliances, étend ou resserre à
son gré les frontières des états; et, désarmant par
le traité d'Amiens l'Angleterre elle-même, sa terrible
ennemie, il impose la paix à l'Europe, non qu'elle
soit un besoin pour son cœur, mais parce qu'elle
doit consacrer ses conquêtes, ennoblir son usurpation, et seconder, dans l'intérieur, les projets de sa
politique. Il en profitera pour augmenter par des
faveurs nouvelles le nombre de ses partisans, pour
régler selon ses vues les affaires de l'Église, proscrire
de nobles guerriers qui repoussent sa tyrannie, et
faire déclarer irrévocable le pouvoir sans limites qu'il
s'est arrogé.

Toutefois, pour que l'usurpation soit consommée,
il manque un titre souverain à sa souveraine puissance; il veut être chef d'une dynastie; son insatia-
ble ambition ne peut se renfermer dans le présent.
Mais comment celui que ses flatteurs appellent le
restaurateur de la religion foulera-t-il aux pieds la
légitimité, cette seconde religion des peuples ? et de
quoi lui servira le nom le plus auguste, s'il n'est
ratifié par la justice et consacré par l'opinion ?... C'est
ainsi que le redoutable despote recule devant la légitimité, et qu'un Prince errant, désarmé, déconcerte
le conquérant dont le glaive fait trembler l'Europe.

Aussitôt des piéges sont tendus. Un adroit négociateur vient demander à l'auguste exilé sa renonciation au trône de ses pères (1). D'abord, on étale à ses yeux les offres les plus séduisantes ; on lui propose des dédommagemens capables de consoler la vanité : Louis demeure inébranlable. Alors on lui fait entrevoir que les Souverains de l'Europe pourront lui retirer, par déférence pour le premier Consul, les faibles subsides nécessaires à son existence. « Je ne crains pas la pauvreté, répond Louis. S'il » le fallait, je mangerais du pain noir avec ma fa- » mille. Mais ne vous y trompez pas, je n'en serai » jamais réduit à ce point. S'il ne me reste plus » d'amis puissans, j'aurai toujours une ressource, » c'est de faire connaître mes besoins en France, et » de tendre la main, non au gouvernement usurpa- » teur (cela jamais), mais à mes sujets fidèles ; et, » croyez-moi, je serai bientôt plus riche que je ne » suis. »

Telle fut la seule réponse qu'on put obtenir du Roi de France. Mais il devait rester un monument de ce refus si glorieux pour la majesté royale : Louis remit entre les mains de l'envoyé l'immortelle protestation connue aujourd'hui de tout le monde, et qui se termine en ces mots : « J'ignore quels sont » les desseins de Dieu sur ma race et sur moi ; mais » je connais les obligations qu'il m'a imposées par le » rang où il lui a plu de me faire naître. Chrétien, » je remplirai ces obligations jusqu'à mon dernier » soupir ; fils de Saint Louis, je saurai, à son exem- » ple, me respecter jusque dans les fers ; successeur

____

(1) Le 26 février 1803.

» de François Ier, je veux du moins pouvoir dire
» comme lui : *Nous avons tout perdu, fors l'hon-*
» *neur.* »

Qu'on se représente la fureur du despote en
voyant ainsi ses plans déjoués ! Quel contraste entre
ce langage noble et courageux, et les lâches adula-
tions dont on entourait tous les jours sa fortune !
Aussi ne balance-t-il plus : ne pouvant faire alliance
avec la légitimité, il revient franchement á la révolution ; car il sait qu'il n'y a au fond que ces deux
puissances, et qu'il ne doit régner que par l'une ou
par l'autre. Aussitôt est résolu le crime atroce qui
doit sceller le pacte du futur Souverain avec la faction régicide : au mépris des droits les plus sacrés,
un jeune héros du sang des Rois est arraché d'une
terre étrangère, et traîné devant ses bourreaux. Il
tombe, frappé dans les ténèbres par un tribunal
assassin : les fossés de Vincennes n'envieront point
à la fameuse place de la Révolution son exécrable
renommée.

Alors l'ambitieux soldat se couronne de ses mains
sanglantes. Un vaste empire est à ses pieds. Ces fou-
gueux apôtres de la liberté, qui n'avaient pu supporter un maître légitime, rampent servilement devant l'absolu capitaine qui vient d'envahir comme
sa conquête l'héritage entier de la révolution. Heureux d'être enchaînés à son char par la solidarité du
crime, ils dévorent ses hauteurs insultantes, ils se
disputent avec une ignoble avidité les faveurs qui
tombent de sa main. La fidélité gémit en secret ; la
vertu se détourne et soupire ; l'Europe, étonnée et
tremblante, se tait devant trois cent mille soldats.

Louis seul rompra le silence. Il adresse aux puissances consternées une énergique déclaration ; il proteste, à la face du monde, contre cette usurpation sacrilége qui menace les droits de tous les Souverains. Mais sa voix n'est pas entendue : les Souverains, dans la stupeur, regardent grandir le colosse qui doit les écraser de son poids. Renchérissant sur tous les autres, le Roi d'Espagne Charles IV, par les conseils de son indigne favori, envoie les insignes de la Toison d'or au meurtrier du Duc d'Enghien, à l'usurpateur du trône de sa branche aînée. Aussitôt Louis XVIII, à qui semble désormais réservée la tâche de conserver intact le caractère de la royauté, se dépouille d'une décoration qui vient d'être ainsi profanée, et la renvoie au faible Souverain.

Le Roi qui supportait avec tant de grandeur d'âme les assauts de l'adversité, méritait de plus en plus la haine des ennemis du pouvoir légitime : elle ne lui fut pas épargnée. Ce n'était point assez d'avoir voulu faire oublier à la France l'auguste famille de ses maîtres, tantôt en affectant un injurieux silence sur le compte de ces illustres proscrits, tantôt en propageant dans l'ombre ces lâches calomnies inventées par l'esprit révolutionnaire, dans le but d'inspirer à la génération nouvelle l'éloignement et le mépris pour des Princes dont elle savait à peine le nom : un grand crime était nécessaire à cette haine implacable et jalouse. Des inconnus, au visage sinistre, furent remarqués dans Varsovie, errant autour de la modeste demeure qui servait d'asile au Monarque proscrit. Bientôt un affreux complot est découvert : des alimens empoisonnés ont été préparés pour le

Prince et pour la royale famille; les mystérieux étrangers sont les instigateurs du crime; il est dévoilé par l'agent subalterne qui devait en être l'instrument. Mais les autorités prussiennes éludent, sous de vains prétextes, d'en faire rechercher les auteurs. On craint de trouver au fond du complot un de ces coupables privilégiés que la justice divine peut seule atteindre; on oublie la noble maxime, *fiat justitia, ruat cœlum;* et les empoisonneurs de Varsovie évitent, comme l'assassin de Dillingen, la peine due à leur forfait.

C'est peu : trois mois après l'événement, un avis arrivé de Berlin apprend à la Famille royale que l'intention du Roi de Prusse est qu'elle sorte de ses États.

Heureusement un autre asile était promis d'avance à ces augustes victimes. Depuis leur départ de Mittau, l'Empereur de Russie Paul I.er avait terminé sa carrière. Son fils aîné, le magnanime Alexandre, s'était empressé, en montant sur le trône, d'offrir une retraite au Roi de France, dont il vénérait les lumières et déplorait les longs malheurs. Louis obtint facilement du Czar la permission d'habiter de nouveau le château des Ducs de Courlande.

Il y était à peine établi, que des mains forcenées tentèrent à plusieurs reprises d'incendier cette demeure hospitalière. On ne découvrit point, il est vrai, les auteurs d'un si lâche attentat; mais des matières enflammées, trouvées dans l'intérieur du château, ne purent laisser aucun doute sur l'existence d'une trame criminelle.

Ces odieuses tentatives étaient le prélude d'un

grand orage alors sur le point d'éclater. L'usurpateur du trône des Bourbons avait, dès l'année précédente, interrompu ses relations amicales avec la Russie. L'asile offert par Alexandre au légitime Souverain des Français parut au despote ombrageux un défi fait à sa puissance. Il exhalait, selon son usage, par de grossières injures, son mécontentement contre le Czar; et celui-ci ne répondait qu'en signant des traités d'alliance avec l'Angleterre et l'Autriche, dans la vue de mettre enfin des bornes à l'ambition du conquérant. Bientôt commencent les guerres mémorables de 1805 et 1806. D'innombrables armées traversent l'Europe en tout sens. La victoire accompagne partout les légions françaises. L'Allemagne est en feu. L'Autriche, en vain secourue par la Russie, subit en trois mois la loi du vainqueur. La Prusse est aux abois à son tour : elle expie par d'affreux désastres les fautes de sa politique. Enfin les armées d'Alexandre s'ébranlent pour protéger leurs frontières, menacées malgré l'approche de l'hiver; et bientôt ces deux puissans adversaires sont aux prises dans les vastes plaines qui séparent le Niémen de la Vistule.

Le théâtre de la guerre s'était ainsi rapproché des lieux qu'habitait le Monarque proscrit et sa vertueuse famille. La lutte fut terrible et sanglante. Des prisonniers français languissans et malades, des blessés enlevés des champs de bataille, arrivaient successivement à Mittau. Ils y étaient reçus, consolés, secourus par le Roi et la famille royale. Des soldats intrépides, mutilés par le fer des combats dans ces régions glacées où les avait traînés un chef

ambitieux, apprenaient, non sans être émus, que
ce généreux étranger qui protégeait leur infortune
était le Souverain de la vieille France, que cette
femme angélique qui veillait sur leur lit de douleur
était la fille du Roi martyr, que ce prêtre courageux, charitable, qui passait les jours et les nuits à
les entretenir de Dieu, avait été le confesseur de
l'infortuné Louis XVI. Hélas ! ce fut dans ces pieux
travaux que le vertueux Edgewort contracta la ma-
ladie cruelle qui devait terminer sa vie. Sans cesse
au milieu des prisonniers atteints de ces fièvres contagieuses qui suivent la trace des armées, il en fut
attaqué lui-même. Madame royale, n'écoutant que
son cœur, voulut le soigner de ses propres mains,
malgré l'imminence du danger. Il mourut dans les
bras de l'auguste orpheline. Le Roi, le Duc d'An-
goulême pleurèrent sur sa dépouille vénérée : il avait
éprouvé jusqu'à sa dernière heure que les Bourbons
ne sont point ingrats. L'aumônier de la Reine périt
à son tour, comme le vertueux abbé de Firmont,
victime de son zèle évangélique. Ainsi l'infortune et
la mort confondaient sous la même terre, à quatre
cents lieues de leur patrie, les serviteurs fidèles du
prince légitime et les invincibles soldats de l'usurpateur.

Cependant les deux chefs redoutables avaient vidé
leur sanglante querelle, après avoir jonché de morts
les champs d'Eylau et de Friedland. La paix de
Tilsitt fut conclue ; et le dévastateur du monde alla
porter à l'autre bout de l'Europe sa dévorante
ambition.

L'illustre exilé de Mittau ne pouvait guère accepter

désormais l'hospitalité d'un monarque qui venait de s'allier par un traité avec l'usurpateur de sa couronne. La loyauté connue du Czar n'avait, il est vrai, souscrit, dans ce traité, aucune stipulation relative à l'asile qu'il accordait au Roi de France ; mais Louis connaissait trop bien les convenances et les usages de la politique pour demeurer plus long-temps à Mittau.

Telle était cependant, alors, la situation de l'Europe, qu'on eût vainement cherché sur le continent un refuge pour la légitimité malheureuse. L'Angleterre seule, luttant avec une opiniâtre constance contre la fortune du conquérant ambitieux, régnait de loin sur les deux mondes, tandis que ses mille vaisseaux promenaient fièrement leur pavillon devant la ceinture de fer qui hérissait les rivages de l'Europe. Ce fut vers cette île célèbre que se tournèrent les regards de Louis. Elle servait déjà d'asile au Comte d'Artois, au Duc de Berri, aux Princes de la maison de Condé et à d'autres nobles proscrits : elle renferma bientôt tout l'avenir de la France. Louis, condamné par le sort à l'obscurité d'une vie privée, devait y respirer enfin de ses longues agitations. Retiré d'abord dans l'ancienne et splendide habitation du marquis de Buckingham, au comté d'Essex, il y réunit toute sa famille, au printemps de 1808. Le noble Seigneur, après avoir mis un respectueux empressement à lui faire accepter sa demeure, n'avait rien épargné pour rendre cette belle résidence plus agréable à ses augustes hôtes. Louis, touché des prévenances délicates dont sa famille était l'objet, fit élever dans ce séjour champêtre un temple à la reconnaissance. Cinq jeunes chênes furent plantés à l'entour, par le Roi, la Reine et leurs enfans adoptifs. Ce monument modeste, auquel se rattachent tant de souvenirs, subsistera long-temps sans doute chez un peuple qui conserve avec un religieux respect ses antiquités historiques, et ne s'empresse point d'effacer la trace des siècles du sol que lui léguèrent ses aïeux.

Ce fut pendant le séjour de la Famille royale à Gosfield, que Louis eut la douleur de perdre son auguste épouse, Princesse qui joignait à la bonté du cœur les plus aimables qualités de l'esprit. Ses funérailles furent célébrées à Londres avec toute la pompe digne du rang suprême, et ses restes furent placés auprès de ceux des Rois de la Grande-Bretagne, dans l'abbaye de Westminster.

Louis, ne pouvant habiter plus long-temps des lieux qui lui rappelaient une perte cruelle, vint fixer sa résidence dans le château d'Hartwel, à seize lieues de Londres, dont il fit plus tard l'acquisition. Il y rassembla près de lui tous les membres de sa famille, les Princes du nom de Condé, et ces serviteurs éprouvés qui, après avoir environné le trône dans son éclat, avaient fait vœu de partager jusqu'à la mort la destinée du Prince légitime. Entouré des respects de cette cour fidèle, consolé dans son infortune par la tendresse de sa famille, et par l'amitié véritable du Prince Régent d'Angleterre, qui rendait un éclatant hommage au noble caractère de l'illustre exilé, Louis conservait, dans sa retraite champêtre d'Hartwel, la majesté d'un souverain, tempérée par son amabilité naturelle, par les grâces de son esprit,

mais sur-tout par ce sentiment indicible de bienveillance que la nature a mis dans le cœur des bons
princes, et qui s'enrichit et s'épure sous la double
influence de l'âge et de l'adversité. Supportant avec
une résignation chrétienne, et faisant oublier par sa
gaieté, des infirmités douloureuses, résultat de
l'exil et des années, il partageait son temps entre
les devoirs de la religion, les occupations d'une retraite studieuse, et les doux épanchemens de l'amitié. Ses méditations habituelles avaient pour objet la
politique, non cette politique trompeuse qui vit
d'abstractions et de théories, mais celle qui se compose de faits, et se fonde sur l'expérience. Eh ! quel
siècle avait jamais été plus fertile en ces sortes d'en-
seignemens ? A quels événemens prodigieux Louis
avait assisté dans quelques années ! de quelles incroyables catastrophes il entendait tous les jours le
récit ! quel vaste champ ouvert à ses réflexions, dans
ces agitations continuelles de l'Europe, dont il suivait d'un regard attentif le caractère et les progrès !
Plus il considérait l'état où se trouvaient placés les
peuples par l'effet de ces commotions, plus son expérience des hommes et des choses lui démontrait
la nécessité d'un changement et d'un retour aux vrais
principes. Il lisait avec certitude dans les fautes de
l'usurpation le triomphe prochain de la royauté légitime. « Je suis, disait-il, aux aguets d'un moment
» qui ne peut manquer de venir tôt ou tard. » Mais
lorsqu'en parcourant les nouvelles des armées il y
voyait le récit des brillans faits d'armes de nos soldats, de leur indomptable constance dans les occa-
sions les plus difficiles, son regard s'animait, une

D.

orgueilleuse joie rayonnait sur son noble front : « Ce
» sont toujours mes enfans, disait-il; ce sont les sol-
» dats d'Henri IV; » et l'on s'étonnait de l'entendre
exalter des victoires qui lui fermaient le chemin de
son pays.

Entreprendrai-je de vous peindre, Messieurs, les
sentimens qu'il avait inspirés aux peuples de la contrée qui entourait sa résidence ? On l'y respectait
comme un sage, on l'y chérissait comme un père.
Dans ses promenades aux environs d'Hartwel, on se
précipitait sur son passage avec les plus vives démons-
trations d'amour : chacun voulait contempler en lui,
non-seulement le Monarque auguste qui supportait
si noblement l'adversité, mais le Prince humain et
bienfaisant qui semblait être pour le pays une seconde providence, qui s'était empressé, pour suivre
ses généreux penchans, d'alléger les charges des habitans de son domaine, et qui, par une sage économie, trouvait jusque dans son infortune le moyen
de faire des heureux.

La vertueuse Princesse, ornement de cette Cour
exilée, n'était pas moins vénérée et chérie de tous
ceux qui avaient le bonheur de la connaître : on ra-
contait ses malheurs, son courage, sa tendresse pour
le Roi son oncle; on ne pouvait se lasser d'admirer
sa grâce enchanteresse, la touchante mélancolie de
ses regards, ce mélange de douceur et de dignité
répandu sur toute sa personne ; on s'estimait heureux de l'avoir vue, on voulait la revoir encore, soit
qu'elle allât, ange consolateur, visiter le pauvre
dans sa chaumière, soit qu'elle se montrât dans une
noble simplicité aux fêtes de la Cour de Londres,

soit que, solitaire et rêveuse sous les frais ombrages d'Hartwel, elle regrettât cette France où elle avait été si malheureuse.

Ainsi les décrets éternels avaient permis qu'après tant de tempêtes le Monarque presque sexagénaire et sa vertueuse famille fussent rassemblés dans le même port, à quarante lieues de la France. C'est de là qu'à l'heure marquée devaient partir pour nos rivages la bonté, la sagesse, la paix et le bonheur.

Que faisait cependant l'usurpateur du trône des Bourbons? Il suivait en aveugle son étonnante destinée, ou plutôt il obéissait à la main puissante qui le poussait du haut du ciel sur les souverains et sur les peuples qu'il était chargé de châtier. Tourmenté d'une inextinguible soif de conquêtes, ne pouvant souffrir de repos, ni supporter d'égal ou d'adversaire, il abjure toute pudeur, aspire ouvertement à la monarchie universelle, déclare que sa dynastie sera sous peu la plus ancienne de l'Europe, et, secondé par le pouvoir sans bornes qui met à sa disposition les immenses ressources de la France, précédé par l'épouvante qu'il inspire, aidé de l'enthousiasme fanatique d'un million de soldats, il entasse autour de lui les ruines, il entre, le fer et la flamme à la main, dans les capitales de ses ennemis, oblige les peuples vaincus à s'enchaîner sous ses bannières, et semble au moment de réaliser, sur les débris de l'Europe asservie, le projet du gigantesque empire qu'a rêvé son ambition.

Enfin la mesure est comblée, et l'impie va toucher la borne qui fut d'avance marquée à ses fureurs. Dans la péninsule espagnole, envahie au mépris de toutes les lois divines et humaines , le premier signal des vengeances s'est fait entendre contre lui. Un peuple tout entier se lève , à la clarté lugubre des flammes qui consument Saragosse; il lutte avec un désespoir héroïque contre un ennemi qui renaît sans cesse , et jure de s'ensevelir avec lui sous les ruines de l'Espagne, convertie en un vaste tombeau. L'Angleterre seconde ses efforts, et prête à son courage aveugle l'appui d'une tactique savante et d'une valeur disciplinée. L'Église, affligée, gémissante, captive dans son auguste chef, appelle la justice céleste sur un front frappé d'anathème; pendant que la Russie, menacée au fond de ses déserts, par une invasion formidable, recule devant l'insensé conquérant, dévaste autour de lui ses provinces, lui livre ses villes en flamme, et l'attire au cœur de son empire, où doivent s'accomplir ses destins.

Lui cependant, frappé d'un inconcevable vertige, court en avant sans détourner la tête, oublie et l'hiver qui s'approche et les sinistres prédictions de son ennemi. Il monte en triomphe au Kremlin ; il s'admire avec complaisance dans l'antique palais des Czars ; il assiste à des jeux scéniques sur les cendres fumantes de Moscow ; et se croit le Dieu de la guerre, pour avoir conduit, sans magasins, sans convois, les plus intrépides soldats de l'Europe à sept cents lieues de leur patrie.

Alors la fortune se retire ; le ciel se déclare contre l'orgueilleux. Il faut songer à la retraite; il faut, dans le plus affreux désordre, traverser une seconde fois ces vastes solitudes, où les poursuivra la famine, où les attend un ennemi terrible, et l'hiver plus terrible encore.... Rappellerai-je ici, Messieurs, cette effroyable catastrophe; cette innombrable armée de braves disparue comme un songe au milieu des frimas du nord; le plus imposant appareil de guerre qui eût jamais étonné l'univers, anéanti dans quelques jours par l'aveugle délire d'un chef sans prévoyance; et la France entière couverte d'un crêpe funèbre à la nouvelle de cet affreux malheur?.....

Lui seul n'en fut point abattu. Dérobé par une fuite rapide au désastre de son armée, il avait couru sans s'arrêter, de la Bérésina jusqu'à la Seine; il était entré de nuit dans sa capitale, où l'on fut plus étonné de son insensibilité que de ses revers.

Tandis que ce chef sans entrailles n'éprouvait, après un si lamentable désastre, que le dépit d'avoir été vaincu, le vrai Roi, le Roi légitime, écrivait en ces mots, de sa retraite d'Hartwel, au Souverain de la Russie : « Sire, le sort des armes a fait tomber » dans les mains de Votre Majesté Impériale plus de » cent cinquante mille prisonniers. Ils sont, la plus » grande partie, Français. Peu importe sous quels » drapeaux ils ont servi : ils sont malheureux : je ne » vois parmi eux que mes enfans; je les recommande » à la bonté de Votre Majesté Impériale. Qu'elle » daigne considérer combien un grand nombre d'en- » tr'eux a déjà souffert, et adoucir la rigueur de » leur sort. Puissent-ils apprendre que leur vain- » queur est l'ami de leur père ! »

Mais déjà l'impitoyable conquérant ordonne d'autres apprêts de guerre à la nation consternée; il menace son ennemi vainqueur; il ne parle que de vengeance, comme s'il n'était pas le seul coupable;

et le voilà courant au bout de l'Allemagne, avec une nouvelle armée que cette France inépuisable abandonne encore à sa fureur. Vains efforts! la Prusse, l'Autriche, la Bavière désertent ses drapeaux pour se joindre à ses ennemis; la Saxe imite leur exemple; tous les peuples ne forment qu'une immense croisade contre le dévastateur de l'univers. Il fuit une seconde fois, laissant épars derrière lui les débris de sa nouvelle armée; il se retire dans la France, où quatre cent mille combattans, accourus de tous les points de l'Europe, fondent en même temps que lui. Réduit à disputer à son tour ses provinces, et à défendre sa capitale avec les restes de ces vieilles bandes que tant de capitales avaient vu triompher, quelques légers succès l'enivrent; il a repris son langage hautain; il repousse arrogamment la paix, que le souvenir d'une alliance auguste peut lui faire obtenir encore; tour à tour vainqueur ou vaincu dans vingt combats, mais toujours épuisant ses forces, il court avec la rapidité de l'éclair, du levant au couchant, du nord au midi; s'agite et se débat en vain, au milieu des ennemis qui l'enveloppent; les laisse arriver à la capitale; et vient tomber, à Fontainebleau, sous la main de Dieu, en ce lieu même où, quelques mois auparavant, il tenait dans d'indignes fers le vénérable chef de l'Église.

4.ᵉ ÉPOQUE.

De la première restauration à la mort de Louis XVIII.

Qui peindra les transports de joie que fit éclater la nation au sortir d'un si long esclavage, et le spectacle inattendu qu'elle offrit à ses libérateurs? Trompés par les continuels mensonges de l'usurpation, ils avaient un moment douté de l'attachement des Français pour la royauté légitime ; ils avaient cru que les Bourbons ne conservaient plus parmi nous qu'un petit nombre de zélés serviteurs : l'enthousiasme universel du peuple, les couleurs royales partout arborées à la réception des alliés, dissipèrent promptement ces doutes, injurieux pour notre patrie.

Que dis-je ? la France n'avait pas attendu le dénouement de ce drame terrible pour faire éclater ses sentimens : dès le premier signal des revers du despote, elle avait invoqué le retour de son Roi ; elle l'avait fait supplier, dans sa retraite d'Hartwel, d'envoyer au milieu de nous les Princes de son auguste famille, comme d'heureux avant-coureurs de ce retour si désiré. Retracerai-je ici, Messieurs, le glorieux élan de la cité du 12 mars, heureuse d'acheter par son héroïque imprudence l'honneur d'être appelée la fille aînée de la restauration ? peindrai-je la fière Vendée retrouvant ses armes et son audace pour briser le joug de l'usurpateur, pendant qu'il combattait encore dans les plaines de la Champagne ? rappellerai-je votre cité fidèle, devançant par une inspiration soudaine les grands événemens qui devaient s'accomplir, abjurant un maître barbare, et proclamant sa délivrance au cri français de *Vive le Roi* ? dirai-je, enfin, par quels transports d'amour furent tour à tour accueillis l'illustre époux de Marie-Thérèse, descendant des monts de l'Ibérie dans le beau pays d'Henri IV, et l'auguste père du jeune héros, disant au peuple de Paris, avec sa grâce accoutumée, qu'il ne trouve rien de changé en France, et qu'il n'y voit qu'un Français de plus ?

Mais ces transports n'étaient que le prélude de

ceux qui devaient bientôt éclater. Louis-le-Désiré vient de quitter la terre d'exil, et vogue vers les côtes de France. Une multitude innombrable s'est portée au lieu du débarquement. Déjà la flotte est en vue du rivage. Un navire élégant entre le premier dans le port. Quel est ce noble passager debout sur le pont du vaisseau, qu'entoure de ses respects un illustre cortége?... C'est lui!... Mille cris se confondent et montent dans les cieux, mêlés aux détonations de l'artillerie, au son des cloches, au bruit des instrumens. Louis découvre alors son front auguste, lève les yeux au ciel, porte la main droite à son cœur, et remercie la providence, qui vient de le rendre à sa patrie; puis, arrêtant ses regards sur son peuple, il lui tend de loin les bras avec bonté. A ce moment, les pleurs, les sanglots étouffent les cris d'allégresse. A peine descendu sur le rivage, le Roi très-chrétien marche droit au temple, et le peuple s'y précipite avec lui.

Ce ne fut plus, de Calais à Compiègne, et de Compiègne aux Tuileries, qu'une suite de tableaux attendrissans. Vous n'avez pas sur-tout oublié, Messieurs, le merveilleux spectacle qu'offrit la capitale dans cette mémorable journée du 3 mai, embellie des pompes du printemps et éclairée par un ciel sans nuages. Il vous semble assister encore aux transports de ce peuple immense. Vous croyez voir ce Roi religieux, humblement prosterné avec sa famille dans la vénérable basilique embellie par ses pieux ancêtres, et montrant à la France entière qu'à Dieu seul est dû ce grand jour. Vous vous retracez le moment sublime où Louis, rentré dans la demeure royale, qui, depuis le fatal 10 août, n'avait pas revu ses anciens maîtres, se montra, du haut de son palais, aux regards d'un peuple innombrable, *affamé de voir son Roi*, pressa tendrement dans ses bras le frère bien-aimé qui l'avait devancé parmi nous, et fit placer à ses côtés, avec le touchant orgueil d'un père, la moderne Antigone, dont le cœur aimant et sensible ne pouvait suffire à tant d'émotions. Alors l'ivresse fut au comble; des larmes délicieuses coulèrent de tous les yeux. Un sentiment inexprimable de bonheur et d'amour se mêlait, dans toutes ces fêtes, aux bruyans éclats de la joie publique. On voyait se confondre, comme d'anciens amis, dans les élans d'une même allégresse, les citoyens de la capitale, les Français accourus du fond de leurs provinces, et les habitans des régions les plus lointaines de l'Europe, conduits par la volonté du ciel des bords du Danube et de la Sprée, de la Néva et du Borysthène, pour assister au miracle de la restauration.

Mais bientôt cet heureux prodige aura surpassé notre attente, grâce à la constance admirable et à la haute sagesse de Louis. Déjà l'élévation et la justesse de ses vues, la noblesse et la grâce de son expression, ont pris un glorieux ascendant sur ce conseil de Rois réuni dans sa capitale. Il obtiendra d'eux une paix honorable, par laquelle la France étendra ses anciennes limites sans qu'il lui en coûte ni contributions, ni places fortes, ni même aucun des monumens des arts que ses armes avaient conquis. Manifeste-t-on la pensée d'imposer à notre pays les sévères lois de la guerre, Louis annonce qu'il est prêt à retourner dans sa solitude d'Hartwel, plutôt que de consentir au déchirement et à l'humiliation de la France;... et ces Monarques, tant de fois provoqués, poursuivis, menacés jusque sur leurs trônes, font un généreux abandon des prétentions les plus légitimes, pour ne pas contrister le cœur du patriarche de la royauté; et ce Prince, hier encore sans trésors, sans soldats, et presque sans asile, devient, non-seulement le sauveur de la France, mais le pacificateur de l'Europe et l'arbitre des nations.

Louis n'a pas plutôt assuré par des traités la paix extérieure, qu'il veut fonder sur des lois sages la tranquillité du dedans. Il avait, plus d'une fois depuis son avénement à la royauté, et récemment encore par sa déclaration de Saint-Ouen, promis à ses sujets des institutions politiques appropriées à leur situation nouvelle : le temps était venu de tenir ses promesses. Les anciennes constitutions du royaume avaient disparu, et avec elles les élémens qui entraient dans leur composition, et jusqu'aux bases sur lesquelles ces constitutions étaient appuyées. Les conceptions extravagantes de nos assemblées républicaines étaient tombées successivement dans le mépris. Les fastueuses créations du despotisme impérial, plus ou moins frappées d'anathème par la chute de l'usurpation, laissaient un vide que n'avait pu remplir la constitution improvisée du dernier Sénat, vouée au ridicule dès sa naissance. Il fallait empêcher qu'en l'absence d'une loi fondamentale, l'esprit inquiet et raisonneur du siècle ne se jetât étourdiment dans le vague des théories et dans le champ périlleux des innovations; il fallait régler, pour le présent, tous les points vraiment essentiels, sans interdire à l'avenir les améliorations qu'indiquerait l'expérience (1); il fallait, en un mot (et c'était là le plus difficile comme le plus important), tracer d'une main ferme et sûre, avec cette imposante autorité qui n'appartient qu'au Souverain légitime, la limite exacte et sévère de la puissance du Monarque et de la liberté des peuples. Tel fut le problême résolu par la Charte. Cette œuvre d'une sagesse supérieure semblerait, malgré sa briéveté, ou plutôt par sa briéveté même, avoir exigé d'immenses travaux : Louis l'eut terminée un mois après son arrivée en France; mais elle était le fruit de trente années d'expériences et de méditations. L'auguste auteur la destina, comme il le déclare lui-même dans son majestueux préambule, à lier les souvenirs aux espérances, à réunir les temps anciens et les temps modernes. La postérité jugera si ce grand dessein fut accompli, et si le Monarque législateur a su donner à ses sujets, non une constitution parfaite, mais, suivant la pensée de ce sage Athénien, la meilleure qu'ils pussent recevoir.

Cependant la France régénérée marchait à grands pas vers la prospérité. Malgré les désastres des dernières guerres, malgré l'interruption momentanée des transactions commerciales et des entreprises industrielles, inconvénient inséparable d'un grand ébranlement, malgré sur-tout l'énorme dette de seize cent millions dont le trésor était grevé, le cré-

---

(1) Voyez les art. 8, 12, 14, 19, 27, 33, 35, 56, 59, 63, 65, 68, 73, etc., de la Charte royale octroyée par Louis XVIII à ses sujets.

dit renaissait, la confiance et la sécurité s'établissaient de jour en jour, l'active sollicitude du Monarque rouvrait peu à peu toutes les sources de la félicité publique ; et la nation, plus riche encore de ses espérances que de son bonheur actuel, apprenait à goûter une paix, dont elle avait si long-temps ignoré les charmes. Ce fut cette paix elle-même qui lui suscita de nouveaux malheurs.

Messieurs, il est des vérités qu'on ne rappelle qu'à regret, mais que ne permettent de taire ni l'impartialité de l'histoire ni les intérêts de la justice. Des hommes nourris dans les camps, avides de commandemens et de dangers, et accoutumés à jouer tous les jours leur vie contre les faveurs enivrantes de la gloire et de la fortune, ne purent se condamner au repos, ni contracter le goût des vertus domestiques ; ils regrettèrent le chef ambitieux qui les menait à la victoire, semèrent autour d'eux les mécontentemens, aspirèrent à renverser l'ordre établi, et ne trouvèrent que trop d'instrumens et de complices, ici dans ces vétérans de la révolution, pour qui la clémence du frère de Louis XVI était un fardeau insupportable ; ailleurs, dans ces suppôts titrés de la dernière tyrannie, qui, peu contens d'avoir conservé leurs biens et leurs honneurs, enviaient d'autres avantages qui n'étaient pas au pouvoir du Monarque ; partout enfin, dans ces légions faméliques d'employés et de fonctionnaires, que l'usurpateur avait tenues à sa solde pour river les fers de la nation. L'excessive indulgence d'un gouvernement paternel, qui puisait sa sécurité dans la droiture de ses intentions, semblait aplanir tous les chemins aux manœuvres de la perfidie : elle n'omit aucun moyen d'aliéner les cœurs, d'égarer les esprits, de disposer à la révolte une multitude ignorante ; et bientôt tout fût prêt en France pour le retour de l'homme de malheur.

N'attendez pas, Messieurs, que je présente ici le douloureux tableau de cette époque, encore si rapprochée de nous, où Dieu parut avoir voulu, pour l'instruction de la race nouvelle, resserrer en quelques semaines un honteux abrégé de la révolution. Le peuple y put apprendre une seconde fois (si le peuple apprend quelque chose) dans quels malheurs le précipitent ses aveugles préventions contre le pouvoir, sa haine ombrageuse et jalouse contre des classes respectables, sa déplorable confiance dans ces hypocrites amis, qui spéculent sur ses faiblesses, et qui le flattent pour l'opprimer.

Cette leçon, trop nécessaire, fut, il est vrai, bien chèrement payée. Mais enfin, une si dure épreuve eut du moins ses compensations. Elle démontra sans réplique tous les maux qu'il fallait attendre d'un excès d'indulgence et de sécurité. Elle relégua l'auteur de nos désastres aux extrémités de l'océan, sur un rocher, où, pour le repos de l'Europe, on aurait dû l'enchaîner dès sa première chute. Elle put dissiper aussi plus d'une illusion généreuse, alors que ce chef redoutable, à qui tant de vaillans soldats venaient de montrer un dévouement digne d'une meilleure cause, ne parut qu'un héros vulgaire, le seul de son armée qui ne sût pas mourir. Elle fit briller d'un vif éclat les vertus et le courage de nos Princes, mais sur-tout de celui qui devait, peu d'années après, se couvrir, en Espagne, d'une gloire immortelle. Enfin, en mettant au grand jour ce que chacun avait d'attachement réel pour la royauté légitime et de respect pour ses sermens, elle inscrivit des noms nouveaux dans les fastes de la fidélité, à côté des noms historiques de la monarchie, tandis qu'elle imprimait sur le front des artisans de la révolte ce signe de la félonie, que ne font disparaître ni le temps, ni l'oubli, ni le généreux pardon du Monarque, et que le repentir seul peut effacer.

Mais de quelle auréole de gloire le Roi lui-même ne parut-il pas couronné dans cette période funeste? par quels témoignages d'amour ne fut pas adoucie sa nouvelle infortune? et quels jours de prospérité auraient valu pour sa mémoire ces jours d'épreuve et de douleur? Je n'entreprendrai point, Messieurs, de retracer à vos esprits le deuil de cette nuit fatale qui fut témoin de ses adieux, ni les larmes que fit couler son absence, ni les transports de joie qu'excita son retour. J'aime mieux consigner ici quelques souvenirs de cette époque, qui ne seront pas perdus pour l'histoire.

Pendant que Louis est à Gand, des membres de la garde nationale de Paris, voyant approcher l'anniversaire du 3 mai, forment le hardi projet d'aller consoler le Roi dans son exil, surmontent heureusement tous les obstacles, et viennent, au nom de leurs frères d'armes et en vertu de leur glorieuse prérogative, monter la garde auprès du Monarque, le jour anniversaire de son premier retour.

Quand Louis apprend l'issue meurtrière de la bataille du mont Saint-Jean, et la fin tragique de ces indomptables soldats, qui n'avaient pas voulu survivre à leur défaite, il ne peut retenir ses pleurs; il s'écrie, dans l'amertume de son âme : « C'étaient des » Français, c'étaient mes enfans; je serais mort au mi- » lieu d'eux s'ils avaient combattu pour leur patrie. »

Tandis que le coupable auteur de ce désastre abandonnait ses défenseurs à leur destinée, et fuyait pour aller demander grâce au vainqueur, Louis veillait comme un Dieu tutélaire sur le salut de ces ingrats; il les dérobait à la mort par la plus ingénieuse sollicitude (1); il conjurait leurs ennemis d'être humains après la victoire ; et faisait en toute hâte parvenir à Bruxelles des sommes destinées au soulagement des blessés.

Est-il de retour parmi nous, il va remercier Dieu dans son temple de l'avoir rendu à ses sujets; mais, par un sentiment apprécié de toutes les âmes délicates, il ne veut pas permettre que l'on chante le *Te Deum* d'actions de grâces : il serait trop pénible au père de famille d'entendre des chants de triomphe sur la tombe de ses enfans.

Le bruit se répand dans la capitale, que les Prussiens, conduits par un esprit de vengeance qui eût déshonoré leur victoire, s'apprêtent à détruire le magnifique pont placé devant l'École militaire : Louis élève à ce sujet des réclamations énergiques; il les termine en s'informant de l'heure à laquelle le pont doit sauter, et déclare que son projet est d'aller se placer dessus. Les Souverains alliés arrivaient ce jour même à Paris : ils comprirent ce noble langage.

––––––––

(1) Il fit promettre aux habitans de la contrée 20 francs pour chaque prisonnier français.

Cette héroïque fermeté du descendant de Louis XIV devait lui ménager bientôt, auprès des Monarques alliés, de plus importantes victoires. Il s'agissait de statuer sur le sort de la France après les événemens des cent jours. L'Europe, exaspérée contre une nation qui semblait avoir pris à tâche de troubler le repos du monde, montrait des dispositions alarmantes; les Souverains s'étaient lassés d'être généreux au préjudice de leur sûreté; la France, coupable à leurs yeux, dans une partie de ses citoyens, de trahison contre son Roi, et dans un nombre bien plus grand, de lâcheté contre les traîtres, était menacée d'expier le crime d'une armée rebelle par la perte de sa dignité et presque de son existence politique. Louis déclare hautement que, si l'on ne se montre pas plus généreux, il va conseiller à ses peuples de chercher un asile dans le désespoir : il sauve par là le Royaume d'un démembrement inévitable. Ce n'est pas tout : il obtiendra plus tard, par la constance de ses efforts, la retraite de trente mille soldats de l'armée d'occupation avant deux années révolues, et procurera de la sorte à nos finances une économie de soixante millions.

Enfin, malgré les pertes innombrables causées par la trahison des cent jours, nos plaies se cicatrisent promptement; la France renaît de ses cendres; la justice, la religion, la morale, reçoivent de solennelles expiations; l'œuvre de la restauration marche à son terme; Louis aura bientôt rempli la haute mission dont le ciel l'a chargé. Il lui reste à couronner son ouvrage et à consolider l'édifice de notre bonheur, en assurant des rejetons à cette royale famille sur laquelle reposent nos destinées. Rappelez-vous, Messieurs, cet hymen fortuné qui fit naître tant d'espérances, ces deux branches d'un tronc auguste enlaçant leurs jeunes rameaux pour nous couvrir un jour de leur ombrage, et le ciel bénissant cette union si chère par la plus heureuse fécondité..... Mais que parlé-je d'hymen et de bonheur? et pourquoi rouvrir une plaie si cruelle?... Avouons-le, Messieurs : il y a, dans la destinée des peuples, des mystères impénétrables aux regards de la faible humanité. Il fallait un dernier martyr pour acquitter la rançon de la France. A la lueur des torches funéraires qui éclairaient la couche sanglante du héros chrétien, nous découvrîmes en frémissant les dangers qui entouraient le trône.... Le ciel s'était chargé du reste.... La monarchie fut sauvée par le coup qui devait l'abattre. La révolution venait de pousser un cri de victoire; ce fut pour elle un cri de mort : son triomphe se renferma dans la joie d'un crime inutile;... elle avait frappé deux mois trop tard.

Louis se lève alors, le front empreint d'une douleur auguste; il se hâte d'étendre sur la patrie cette main qui vient de fermer les yeux de son plus jeune fils; il fait tomber un regard courroucé sur les ingrats qui se jouaient de sa clémence. Les pervers rentrent dans la fange, ou fuient dans leurs antres ténébreux. L'abîme se referme; l'horizon s'éclaircit; un berceau rayonnant de gloire inonde tout de sa lumière; et la France, heureuse et consolée, voit briller enfin l'ère de son salut.

En vain l'hydre révolutionnaire va, par des sentiers souterrains, essayer au loin ses fureurs; en vain, partout renaissante et partout vaincue, elle dresse encore une tête hideuse aux extrémités de la Péninsule : un autre Alcide ira l'abattre. Le vaillant, le pieux, le magnanime époux de la fille de Louis XVI court, à la voix de Louis XVIII, venger sur les oppresseurs de l'Espagne les longues injures de la royauté. L'Europe entière célèbre son triomphe et celui de sa valeureuse armée ; la France montre enfin cent mille guerriers fidèles qui savent vaincre ou mourir pour leur Roi ; et le drapeau des lis, paré d'un laurier immortel, devient l'orgueil des nations et le gage de la paix du monde.

Après le succès à jamais mémorable de cette importante expédition, Louis put goûter un glorieux repos dans la France heureuse et tranquille ; il put porter ses regards en arrière, et se dire avec confiance que ses jours avaient été remplis. Tous les momens de son exil n'avaient été, pour ainsi dire, qu'un long apprentissage de la royauté. Il avait employé pour nous ses années passées loin de nous. Depuis qu'il s'assit sur le trône, il n'avait eu qu'une pensée, la gloire et le bonheur de son peuple ; et le ciel exauçait ses vœux. La paix rendue à ses sujets ; d'immortelles institutions fondées par la sagesse et affermies par l'expérience ; les dettes de l'État exactement payées dans les temps les plus difficiles ; le crédit public florissant après d'accablantes calamités ; les factions étouffées ; le dévouement et la fidélité triomphant des intrigues de la perfidie ; l'industrie et les arts encouragés ; d'odieuses lois abolies ; la religion remise en honneur par une protection puissante et par des exemples plus puissans encore ; la

France reprenant son rang entre les nations euro-
péennes; nos drapeaux illustrés par la victoire; notre
pavillon devenu, sur les mers de l'orient, le protecteur de l'humanité; dans les provinces du royaume,
d'utiles entreprises encouragées, des ponts, des
canaux, d'imposans édifices, se multipliant de toutes parts; dans la capitale, des monumens fondés
ou rétablis, les statues de nos Rois relevées, des
cendres augustes consolées par de saintes expiations;
au sein de la royale demeure, une famille incomparable, donnant autour du trône l'exemple de toutes les vertus, et se voyant revivre avec joie dans le
précieux enfant du miracle : tels étaient, après dix
années, les glorieux fleurons de la couronne de
Louis et les trophées de sa vieillesse, lorsque ses infirmités naturelles, augmentées par l'âge et par les
fatigues de la royauté, prirent tout à coup un caractère alarmant vers la fin de l'été de 1824.

Malgré des avertissemens sinistres, il voulut sur-
monter son mal aussi long-temps que ses forces purent le permettre, ne cessant, dans ce douloureux
état, ni de s'occuper des affaires du royaume, ni de
supporter la pénible contrainte de la représentation.
On veut en vain l'en détourner : « Un Roi, répond-
» il, peut mourir, mais il ne doit pas être malade. »

Enfin, il faut céder : la nature est plus forte que
la volonté : il faut se renfermer avec sa douleur,
pour aller combattre en champ clos cet ennemi do-
mestique. La lutte ne fut pas longue, mais elle fut
digne du héros. La nouvelle du danger du Roi se
répandit le 12 septembre. On s'attendit dès-lors au
fatal dénouement, et chacun put prévoir qu'il ne

serait pas éloigné. Qui ne se souvient du tableau déchirant qu'offrit en ce moment la capitale, et bientôt après la France entière ? On se précipitait en
foule dans les temples, pour demander au ciel la
conservation du bon Roi. Le prêtre, en entretenant
les fidèles de ce lamentable sujet, s'interrompait
pour répandre des larmes. Autour de la demeure
royale, une foule innombrable, à toutes les heures
du jour, se pressait, s'agitait, dans un lugubre et
respectueux silence. On attendait avec inquiétude,
on répétait avec émotion, les nouvelles qui, de moment en moment, circulaient hors de l'enceinte fatale. Le soir encore, et même bien avant dans la
nuit, on se retrouvait à la même place, le regard
attaché sur l'appartement du Roi ; on suivait d'un
œil attentif ces clartés errant au sein du palais, non
loin de la couche où s'éteignait le père de la France.
Lui cependant, avec un courage invincible et un
cœur doux et résigné, attendait en véritable chrétien que l'heure du repos fût arrivée. Au premier
signal du danger, plein de cette piété vigilante, le
plus bel apanage de sa noble famille, il s'était préparé pour son dernier combat. « Mon frère, avait-il
» dit à son successeur, vous avez des affaires qui
» vous réclament ; moi, j'ai des devoirs à remplir. »
Un de ses serviteurs voulant faire, à voix basse, des
prières auprès de son lit, Louis s'en aperçoit, et,
pénétré des soins qu'on prend pour ne pas l'alarmer,
il laisse échapper ces paroles : « Je n'ai pas peur de
» la mort. Il n'y a qu'un mauvais Roi qui ne sache
» pas mourir. » On lui rapporte que le peuple veille
aux avenues du palais, pour s'informer de son état :

« J'ai donc fait quelque bien, » dit-il ; et ses douleurs paraissent un moment suspendues.

Mais le voici, Messieurs, à ce moment terrible, où
le Dieu vivant vient visiter l'homme qui se meurt,
et lui donner des forces pour le dernier voyage. Le
pieux Monarque, saintement recueilli, attendait ce
divin secours avec amour et confiance ; tel l'histoire
nous représente Louis XIV à son lit de mort, ou
tel paraît, à ses derniers momens, le plus saint aïeul
des Bourbons, dans le naïf récit du sire de Joinville.
Qui peindra dignement ce que l'on vit alors, quand
la famille royale, éplorée, entra, sur les pas du
pontife, et se précipita, fondant en larmes, devant
le lit du Roi mourant, tandis qu'au dehors du palais le peuple tombait à genoux en implorant le
Dieu protecteur de la France?... Louis seul n'est
point consterné : un courage surnaturel ranime ce
corps défaillant, où la mort a déjà commencé ses
ravages ; et l'on a raconté des choses merveilleuses
de la fermeté du vieux Roi. Il indique lui-même
les parties encore saines de son corps qui doivent
recevoir l'huile sainte ; il suit avec recueillement les
prières sublimes que l'Église prononce sur la couche
des mourans ; il y répond sans hésiter, tant sa mémoire est encore fidèle ; et le prélat qui les récite
ayant omis quelques mots dans son trouble, il le
reprend avec bonté. L'histoire a recueilli, sur le
Dauphin son père, un fait absolument pareil : admirable et touchante ressemblance !....

Mais après un si grand effort, ses forces parurent
épuisées. Le reste ne fut plus qu'une longue ago-
nie, où le corps mourait par degrés, tandis que la

pensée, visiblement vivante, agissait et priait encore. Le 16 de septembre, à quatre heures du matin, il expira. A la nouvelle de sa mort, Paris, la Cour, toute la France se couvrirent d'un voile funèbre. Ce ne fut plus, dans tout le peuple, qu'un continuel entretien sur ses vertus, sur ses souffrances, sur ses longues adversités. Alors furent connus ces secrets du Monarque, confiés à la discrétion de quelques serviteurs fidèles : de pauvres familles secourues pendant plusieurs années, de nombreux prisonniers pour dettes rendus tous les jours à leurs enfans : trésors amassés pour le ciel, qu'il cachait avec soin aux regards de la terre. Ici l'on se plaisait à raconter qu'il avait eu, peu de jours avant sa mort, une longue conférence avec son frère ; ailleurs on parlait même d'un testament, où nous pourrions apprendre ses dernières volontés.....

Messieurs, ce testament existe ;... il est tout en notre faveur :.... il est écrit en traits ineffaçables dans le cœur du Souverain bien-aimé qui règne en ce moment sur la France. Là vivent toutes les vertus qui composent le riche héritage de sa glorieuse famille ; là sont fidèlement consignées les dernières pensées de Louis XVIII ; là sont confirmées de nouveau les immortelles clauses du Testament de Louis XVI : Amour pour le peuple,.. respect pour les lois,.. reconnaissance des services,.. oubli des injures,.. pardon pour tous les ennemis.